アセスメントにもとづく 学齢期の 言語発達支援

LCSAを活用した 指導の展開

編著…大伴潔・林安紀子・橋本創一

LC scale for School-Age children

学苑社

まえがき

　幼い子供との会話では、相手のこと（「おなかすいた？」）や目の前の出来事（「上手にできたね」）が話題の中心になります。子供の成長とともに、会話の内容は「今・ここで」起こっていることがらから急速に離れていき、過去や未来のこと（「明日はいい天気になるね」）や外で起こっていること（「今ごろお姉ちゃんは学校かな」）が多くなります。子供が扱うことのできる情報は急速に広がっていき、生まれてからわずか数年で、学校では「教科」として体系化された知識やスキルを学ぶことになります。目に見えない植物の仕組みを理解したり、社会のルールを教わったりする学齢児にとって、言葉は抽象的な知識を身につける学びの手がかりとなります。学習指導要領では、思考力・判断力・表現力などの育成が「国語」の目標のひとつとなっているように、言葉は自分の考えを整理して表現したり、お互いの考えを伝え合ったりする道具であり、社会生活を営むための礎です。

　言葉の理解や表現に難しさがある児童は、教室で同じ授業の場にいても、ほかの子供に比べて内容の理解や話し合いの参加に苦手さがあるかもしれません。言語面の課題は、対人関係の難しさにつながることもあります。児童の言葉を育てる教育関係者や専門職種の人々は、未来に向けた子供の可能性を広げる役割を担っていると言えます。

　一口に「言葉の遅れ」と言っても、語彙の知識が十分でなかったり、文を聞き取る力や文を組み立てる力に困難があったりするなど、その実態はさまざまです。言葉の課題を多面的に捉えることで、支援の方向性が見えてくるでしょう。本書は、言葉に課題のある学齢児を想定して、LCSA（学齢版 言語・コミュニケーション発達スケール）を用いて明らかになる言語面のプロフィールから支援の方向づけを行い、それにもとづく指導の方法を具体的に解説するものです。アセスメント情報から児童の実態に沿った支援の目標や手立てを考えることは、教育現場で求められる「個別の指導計画」の立案のプロセスにつながります。なお、「リテラシーをめぐるトピック」として、LCSA では扱っていない漢字の学習や作文の指導についても解説しています。本書で提案している支援の枠組みが、言葉に課題のある学齢児を支えている方々のヒントとなれば幸いです。

　本書では、通級による指導にあたっている先生方にも実践報告の執筆を担当していただきました。教育現場での取り組みの具体例を提供していただいたことに感謝いたします。最後に、編集にあたっては、学苑社の杉本哲也氏に多大なお力を頂きました。御礼申し上げます。

2018年 1 月　東京学芸大学　大伴　潔

目　次

まえがき ……………………………………………………………………………………… ii

第 1 章　学齢期の言語と LCSA ………………………………………… 1

LCSA の構成 ……………………………………………………………………………… 1

LCSA の各下位検査の解説

Ⅰ　口頭指示の理解 ……………………………………………………………………… 2

Ⅱ　聞き取りによる文脈の理解 ……………………………………………………… 3

Ⅲ　音　読 ……………………………………………………………………………… 4

Ⅳ　文章の読解 ………………………………………………………………………… 5

Ⅴ　語彙知識 …………………………………………………………………………… 6

Ⅵ　慣用句・心的語彙 ………………………………………………………………… 7

Ⅶ　文表現 ……………………………………………………………………………… 8

Ⅷ　対人文脈 …………………………………………………………………………… 9

Ⅸ　柔軟性 ……………………………………………………………………………… 9

Ⅹ　音韻意識 …………………………………………………………………………… 10

第 2 章　結果のプロフィール化と施行に際しての注意事項 ………… 13

1　結果のプロフィール化 ……………………………………………………………… 13

2　施行についてよくある質問 ………………………………………………………… 15

第 3 章　LCSA にもとづく指導の実際 ………………………………… 17

語彙知識

1　語彙知識に困難がある児童とは ………………………………………………… 18

2　学齢期の言語指導の特徴：メタ言語的アプローチ …………………………… 19

3　子供の言い誤りや言いよどみを捉えて語を教える …………………………… 21

4　指導する語彙を選択して直接アプローチする ………………………………… 22

5　知らない言葉を視覚化する ……………………………………………………… 25

6　言葉を学ぶ方法を学ぶ …………………………………………………………… 26

7　語想起の柔軟性を高める ………………………………………………………… 27

iv

指導事例 1　語彙の習得から語り表現へ導く指導 ……………………………………… 29

慣用句・心的語彙

1　慣用句・心的語彙に困難がある児童とは ……………………………… 30

2　慣用句を学ぶ ………………………………………………………………… 31

3　心的語彙を学ぶ ……………………………………………………………… 32

指導事例 2　慣用句や心的語彙を増やす指導 ………………………………………… 36

口頭指示の理解

1　口頭指示の理解に困難がある児童とは ……………………………… 38

2　ゲームやクイズなどを通して、聞く態度を育てる ……………… 39

3　活動の流れのなかで指示を聞いて行動する ……………………… 41

4　聞くときの態度について学ぶ ………………………………………… 42

5　子供への語りかけを調整する ………………………………………… 43

事例報告 1　言語表現や言語理解が苦手で学習意欲が下がっている児童への

文表現、聴覚的理解の向上を目指した指導 ………………………… 45

聞き取りによる文脈の理解

1　聞き取りによる文脈の理解に困難がある児童とは ………………… 52

2　さまざまな手立てで聞き取る力を高める …………………………… 53

3　語彙知識や読解力の向上も交えて聞き取る力を高める『統合的アプローチ』… 57

事例報告 2　文の聞き取りが苦手で、会話が成立しにくい児童への聴覚的理解、

関連語の想起の向上を目指した指導 ………………………………… 60

文表現

1　文表現に困難がある児童とは ………………………………………… 68

2　会話のやりとりを通して表現する力を高める …………………… 69

3　説明する力を高める …………………………………………………… 70

| 4 | 文法的に正しい形で表現する | 72 |
| 5 | 語り（ナラティブ）の力を高める | 73 |

| 指導事例 3 | ５Ｗ１Ｈのカードを使った文構成指導 | 79 |
| 指導事例 4 | 連続絵を用いて説明力を高める指導 | 80 |

対人文脈

1	対人文脈に困難がある児童とは	82
2	相手の立場や観点に配慮して話す	83
3	話題から逸れないようにしながら、相手と交替で話す	85

| 指導事例 5 | 話が逸れてしまう児童への文字（視覚的フィードバック）を用いた 指導 | 87 |
| 事例報告 3 | 語の想起や構文力が弱く、やりとりが苦手な児童への比喩表現の理解 や感情語の表出を目指した指導 | 89 |

柔軟性

1	柔軟性に困難がある児童とは	94
2	語想起の柔軟性を高める	95
3	状況理解力を高める	98

| 指導事例 6 | 語想起を円滑にする指導 | 100 |
| 事例報告 4 | 語彙が少なくコミュニケーションが取りにくい児童への指導 ―母語が日本語でない子供の指導― | 102 |

音韻意識

1	音韻意識に困難がある児童とは	109
2	さまざまな課題を通して音韻意識を高める	110
3	特殊拍や拗音に焦点を当てた指導	113

vi

事例報告5　聞いて理解することや話すことが苦手な児童への音韻意識を育て、

　　　　　　語彙を増やし表現する力を育む指導 ……………………………………………… 116

音　読

　　1　音読に困難がある児童とは ……………………………………… 125

　　2　音読の流暢さと正確さを高める指導 …………………………… 126

　　3　教材の調整や音読の工夫により読みやすくする ……………… 128

文章の読解

　　1　文章の読解に困難がある児童とは ……………………………… 130

　　2　読解力を育てるさまざまなアプローチ ………………………… 131

事例報告6　語彙知識が乏しく、文章読解に苦手さがある児童への語彙を増やし、

　　　　　　文章の読解力の向上を目指した指導 ……………………………………………… 135

第4章　リテラシーをめぐるトピック

リテラシーをめぐるトピック1　自閉症スペクトラム障害のある子供における

　　　　　　　　　　　　　　　文章理解の難しさ ………………………………………… 141

リテラシーをめぐるトピック2　漢字の指導 …………………………………………… 151

リテラシーをめぐるトピック3　作文の指導 …………………………………………… 160

引用文献 ……………………………………………………………………………………… 164

著者紹介 ……………………………………………………………………………………… 165

第1章　学齢期の言語と LCSA

　幼児期における日常生活を中心とした言葉の育ちと異なり、学齢期にはさまざまな言葉の力が求められます。例えば、教師の教示を聞いて内容通りに行動しなければならない場面が豊富にあります。授業では、口頭で説明される内容を理解し、物語のようなストーリーも聞いて楽しむことが期待されます。幼児期にはなかった文字を介した学習が行われることにより、教科書を声に出して読んだり、教科書やテストの内容を読んで理解したりすることも求められます。

　このような言語活動の土台になるのが語彙の知識ですが、生活場面を中心に語彙を学んでいく幼児期に対して、学齢期には日常会話ではほとんど使われない漢字熟語のような難しい語彙も学んでいきます。また、発表や作文では文法的に整った形の文や文章で表現することも求められ、慣用的な表現や気持ちや心情を表す言葉も増えることが期待されます。場面に応じて柔軟に発想し、相手や場面に応じて適切な言葉づかいをすることも重要です。LCSA（LC Scale for School-Age Children）は、このような学齢期の言語や学習活動を視野に入れて、下位検査を構成しています。学齢期の言語にかかわる知識や能力を多面的に評価することによって、児童一人ひとりの長所と課題を検討することができます。

LCSA の構成

　LCSA は、主に小学校の通常学級に在籍する児童のなかで言語・コミュニケーションに支援ニーズがある児童を対象として、指導目標の設定に役立つ下位検査別のプロフィールを明らかにします。本スケールは、児童が日常的な学習場面で求められる言語面の知識や能力について、言葉を聞いて理解する「文や文章の聴覚的理解」、言葉の土台となる「語彙や定型句の知識」、言葉による表現を対象とする「発話表現」、思考や状況理解の「柔軟性」、仮名文字の読みに関する「リテラシー」という5つの区分に分け（図1）、それぞれに対応する10の下位検査を設けています（「口頭指示の理解」「聞き取りによる文脈の理解」「語彙知識」「慣用句・心的語彙」「文表現」「対人文脈」「柔軟性」「音読」「文章の読解」「音韻意識」）。

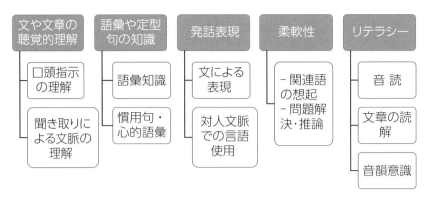

図1　LCSAにおける下位検査の構成

LCSAの各下位検査の解説

本節では、各下位検査について、課題設定の背景および関連する参考情報などについて解説します。

I　口頭指示の理解

児童に一文から成る簡単な指示を聞かせ、絵図版の指さしで答えてもらいます。口頭で与えられる指示に対する理解力を評価します。

(1) 課題設定の背景

授業場面を含め、学校生活では教師の指示に従って行動することが頻繁に求められます。「～してください」のような指示を実行するには、①指示に含まれる語彙を知っており、②文を理解するための文法力を有しているという前提があります。このほかにも指示理解には、③相手の発話に注意を向け、指示の始まりから終わりまで漏れなく聞き取るという「注意」と、④指示内容を回答や指示を実行し終えるまで覚えているという「聴覚的ワーキングメモリー」も求められます。

「口頭指示の理解」では、平易な語彙と単純な文構造を用いているため、上の③と④を中心とした評価が図られています。例えば、「ぶどうとリンゴを買う前にバナナを買いました」では、「買う前に」の指示に含まれる順序を正しく理解する必要があるとともに、バナナの指さしを遂行している間にも「ぶどうとリンゴ」を記憶しておき、指さしの準備をしていなければなりません。このように、注意が逸れやすかったり、ワーキ

ングメモリーの容量が小さかったりする子供には難しい問題文から本下位検査は構成されています。ただし、対面で指示が出される個別検査では集中しやすくなるため、現実の教室場面に比べれば、指示を理解しやすいという側面もあります。

（2）参考情報

　この課題では、問題④までは、異なる物品が描かれている図版のなかから複数の絵を指さして答えますが、⑤と⑥は形式が変わります。具体的には、⑤の「赤いハサミを2本と、青いクレヨンを1本買いました。」では、ハサミとクレヨンの組合せが6通り描かれているなかから、『ひとつの組合せ』を選択します。子供によってはこの応答形式の変化が理解できず、全体からさまざまな場所にあるハサミやクレヨンを個別に指さします。このような行動は、『求められている回答様式を推論することが難しい』『ルールの変更に柔軟に対応できない』といった子供の特徴が表れていると考えられます。得点には反映されませんが、子供の行動からも何らかの苦手さを推測することができるため、回答時の様子についても記録をしておきます。

Ⅱ　聞き取りによる文脈の理解

　読み上げられる文章を聞いて理解し、質問に対して口頭もしくは選択肢の指さしで答えます。文章に含まれる事実関係の理解や、文章から推論されることがらの理解、口頭で質問に答える表現力を評価します。

（1）課題設定の背景

　学校の授業では教師の説明を聞いて理解することは日常的に求められ、物語などを聞いて楽しむ場面もあります。指示理解にかかわる内容はひとつの文で完結する場合が多いのに対し、文章には複数の文のつながりからなる意味的な『文脈』があります。教師の説明や文脈を把握するために聴覚的ワーキングメモリーが必要である点は、指示理解と共通しますが、このほかに、すでに聞き終えた文を参照しながら、「この」「それ」といった指示語を含めて文同士を相互に関連づけて理解し、文章全体としての内容やテーマを把握することが求められます。

　「聞き取りによる文脈の理解」下位検査では、「説明文の理解」と「物語文の理解」の2種類の課題が用意されています。

A **説明文の理解**：内容の細部を理解し、回答する間も記憶していることが求められますが、「説明文の理解」では、特に事実関係を論理的に理解することに比重が置かれます。文章で与えられる情報量が多いため、口頭で答えることが難しい場合には、選択肢が与えられます。また、「説明文の理解」の最後の2問（「あなたが南極に行くとしたら、南極が夏のときと冬のときとではどちらがいいですか？」など）は文章の内容を直接問う問題ではありませんが、文脈を踏まえて答えることができるかどうかを評価します。

B **物語文の理解**：物語文では、説明文のようにすべての情報が明確に提示されるとは限らないために、解釈が読者に委ねられる場合があること、また、登場人物の観点が文章に反映されていることが特徴です。この課題では、文章中に明確に述べられている事実を問う問題（例「何曜日にくじら公園に行くことにしていましたか？」）と、文脈から推論して答える問題（例「どうして電話に出なかったのでしょうか？」）の2種類の問題から成っています。推論を要する課題に答えるには、明確には与えられていない情報についても、「行間を読む」ようにして文脈から埋め合わせていく推論がより求められます。特に、3人の登場人物の意図や立場を文脈から読み取れるかがポイントになります。

（2）参考情報

　推論を要する課題のなかでも、「どうしたらよかったのか」「どういう気持ちだったか」「どうすると思うか」という⑥〜⑧の問いに対する正解はひとつではなく、さまざまな回答が可能です。文脈に沿って答えることができるかどうかが問われており、適否の判断にはマニュアルの回答例を参照してください。

　なお、④の皮肉の理解にかかわる問題は、小学4年生にも難しい内容です。この問題に正答できないからといって、皮肉の理解が難しいという判断はできません。

Ⅲ　音　読

　学年レベルに応じた文章を音読し、読み誤りや繰り返しなどの頻度と音読に要する時間の計測を行います。特に仮名文字で書かれた部分を対象として、音読の正確さと流暢性を総合的に評価します。

（1）課題設定の背景

　音読は読みの熟達に至る最初の段階として必須の過程です。単に文字を音に変換して音声にするだけでなく、文節や文のまとまりを捉えながら、適切な区切りや抑揚をともなって読み上げるには、「正確さ」と「流暢性」が求められます。LCSA では、音読に用いる文章は読みの学習経験や習熟度に沿って、仮名のみで分かち書きされた1年生用、基礎的な漢字を含み分かち書きされた2年生用、より多くの漢字を含み、分かち書きされていない3・4年生用を用意しています。1年生用と2年生用では書かれている内容は同じであり、3・4年生用では大意は1・2年生用と同じですが内容の高次化にともない語彙や表現にやや違いがあります。漢字の読みに影響を受けない、仮名書きの部分の音読を対象に評価します。

（2）参考情報

　LCSA 開発時の基礎データでは、平均的な音読時間が月齢とともに短くなるとともに、極端に時間を要する児童が学年の上昇にともない減少する傾向が見られています。また、音読に要する時間が長い児童ほど、読み誤りや繰り返しなどの頻度が高いことも明らかになっており、音読時間と読み誤りなどの頻度を合わせて評価することの根拠となっています。

Ⅳ　文章の読解

　音読した文章に関連する質問を行い、文章を見ながら適切な情報を探して口頭で答えてもらうことを通して、文字で表された文章の内容を読み取る力を評価します。

（1）課題設定の背景

　話し言葉を通した学びが中心となる幼児期と異なり、学齢期以降は、文章の読みを通した知識の習得に比重が置かれるようになっていきます。正確で流暢な音読に加えて、文章に含まれる情報を読み取ったり、求められる情報を文章から見つけ出したりする際の正確さや流暢さも求められます。「文章の読解」下位検査では、質問に対応する答えを提示された文章を参照して導き出します。なお、国語の読解問題のように行間を読んだり要旨をまとめたりする問題はありません。求められる情報を過不足なく述べることができるかどうかに焦点を当てた問題であるため、この下位検査の評価点を国語の読解

6

問題の成績と単純に比較できないことに注意が必要です。

（2）参考情報

　「文章の読解」下位検査では音読課題と同じ文章を用いているので、再読しなくても
ある程度は回答できます。しかし、より正確に回答するには文章の参照が必要です。文
章を目で追うことに苦手さのある児童では、問題文を見ずに、音読の記憶を頼りに答え
ようとして結果的に不十分な回答になる場合があります。文章を参照しているかどうか
は点数には反映されませんが、参照行動の有無からも読みに対する苦手意識や負担感が
うかがえるため、回答時に子供が文章を読み返そうとしているかどうかを記録しておく
とよいでしょう。

　LCSA 開発時の基礎データからは、「音読」下位検査において読み誤りが多かった
り、音読に時間を要したりする児童ほど「文章の読解」下位検査の成績が低い傾向が明
らかになっています。つまり、文章の内容の理解度は、音読の正確さや流暢性と関連が
深いことが示されています。

Ⅴ　語彙知識

　語彙知識の豊富さや意味理解の正確さについて、言葉の定義づけと同意語の選択、手
がかりからの語の想起、動作による語意の表現といった 4 種類の課題を通して評価しま
す。

（1）課題設定の背景

　言語表現の豊かさは、単に子供が知っている語彙の数だけが反映するものではなく、
語の意味範囲の適切さや、表現しようとする意味に沿って語を適切に選択する力もかか
わります。そこで「語彙知識」下位検査は語彙を多面的に捉えるために、「A．語の定
義」「B．語想起」「C．位置を表す語を含む指示の理解」という 3 つの課題を設けてい
ます。「語の定義」では、与えられた語の意味を口頭で説明したり、同意語を選択肢の
なかから選んだりして答えることによって、語の意味知識を評価します。自分の言葉で
定義づけすることができれば、同意語の選択もできると見なされて加点されるため、口
頭表現による正答の方が高く評価されます。「語想起」課題は、用途に応じた物品名を
想起する問題と、提示された語に対する反意語を想起する問題から構成されています。

「位置を表す語を含む指示の理解」課題では、「右・左」や「おもて・うら・向かい」といった語彙を含む指示の理解を評価します。

（2）参考情報

「Ⅸ　柔軟性」下位検査にも語想起にかかわる課題が含まれていますが、それらは与えられたキーワードに関連する語をできるだけ多く想起するものであり、ひとつの正答に限定されません。一方、「Ⅴ　語彙知識」での語想起には正答があり、意味と語との正確な対応づけを評価する下位検査です。

「語の定義」「語想起」「位置を表す語を含む指示の理解」の間で難易度は異なるので成績を相互に比較することはできません。特に「語想起」のなかの「反対語」は4年生にも難しい問題です。一方、「位置を表す語を含む指示の理解」は低学年でも全問正答する児童も多いのですが、空間認知に困難がある児童は学年が高くても誤答となることがあります。左右などの空間的な語で誤りがある児童には注意が必要です。

Ⅵ　慣用句・心的語彙

適切な慣用句や比喩的表現を選択したり、文脈に合致した心的語彙（「うらやましい」など）を選択したりする課題で構成されます。

（1）課題設定の背景

学齢期における文章理解の正確さや表現の豊かさには、慣用句の知識や比喩表現の巧みさ、自分や他者の内面を表す語彙の豊富さもかかわるようになります。慣用句は語のまとまりから成るため、語彙のレベルよりも上位にあります。一方、比喩的な表現も語のまとまりから成っていますが、特定の意味と結びついているという点で、文法より語彙に近い特性があります。慣用句、比喩的表現ともに、字義通りの解釈では通らない意味をもっており、心的語彙は自分自身や他者の心的状況の自覚や洞察が必要な語彙です。このように、本下位検査は、語彙のなかでも独特な位置を占める言葉や、語のまとまりが特定の意味をもつ表現を対象としています。

（2）参考情報

子供によっては、「慣用句・心的語彙」下位検査の評価点が「語彙知識」やその他の

8

下位検査の成績を上回る結果になることがあります。しかし、その場合の解釈には注意が必要です。「慣用句・心的語彙」下位検査はすべて3つの選択肢から選ぶという形式をとっており、そのため極端に低い成績にはならない傾向があります。「慣用句・心的語彙」が低い場合にはこの領域に苦手さがあると言えますが、この下位検査の成績が高いことは必ずしもこの領域の得意さを示すという解釈には結びつきません。本下位検査の評価点が高い場合、その点だけから子供の特徴を論じることは差し控えた方がよいでしょう。

Ⅶ 文表現

格助詞や助動詞を使って文法的な文を作ったり、文脈に照らして適切な接続詞などを選んだり、絵で表された状況を言葉で表現したりする課題を通して、言語的な表現力を評価します。

（1）課題設定の背景

言葉による表現力は、語彙の豊富さだけによるのではありません、文法というルールに沿って語をつなげたり、語彙知識を最大限に活用しながら自分の意図や場面に応じた表現を組み立てたりする能力も求められます。「文表現」下位検査では、「A. 文の構成」と「B. 状況説明」の2つの側面から表現力を評価します。「文の構成」では、一部が空欄になった文が提示され、文法的に適切な格助詞や助動詞、あるいは、文脈に照らして適切な接続詞などを補って文を作ってもらいます。「状況説明」では、状況を示す絵図版とキーワードが提示され、キーワードを用いて状況を説明する文を作ってもらいます。キーワードの適切な使用と、状況に沿った内容の2つの側面から評価します。いずれの課題でも、文法的な表現力を見るとともに、絵で表された状況を適切に捉えているかどうかも評価します。

（2）参考情報

「文の構成」課題は単に文法能力を評価するだけではなく、図版で表される内容と言語的表現が一致していなければなりません。例えば、受動態の文を正答とする課題では、「リスはウサギ（を）追いかけ（ました）」という回答は文法的ですが、絵図版が示すウサギが追いかけている状況とは異なります。したがって、衝動的に応答し、意味を

第1章　学齢期の言語とLCSA　　9

十分に考慮しない子供は誤答になりやすい傾向があります。そこで2023年に刊行された増補版では、絵図版に描かれた状況について誰が行為者であるかを子供に確認したうえで答えてもらう「補足課題」を設けています。補足課題の回答は点数には反映されませんが、描かれた状況を正しく理解すれば格助詞や助動詞を埋めることができるのか、あるいは状況を理解しても誤答になるのかを確認することができます。

　「状況説明」課題でも、言語的な表現力だけでなく、絵図版の状況を適切に理解していることが求められます。描かれた状況について独特の読み取り方が見られた場合は、その点についても記録しておきましょう。

Ⅷ　対人文脈

　相手に応じた丁寧語や敬語などを用いたり、話者が伝えようとしている意図を説明したりする力を評価します。

（1）課題設定の背景

　対人的な場面においては、言葉に相手への配慮がにじんだり、相手の発話の裏にある意図を汲んで応じたりすることで自然なやりとりが成立します。そこで、「対人文脈」下位検査では、「A．発話調整」と「B．皮肉の理解」の2種類の問題を設けています。「発話調整」では、丁寧語や尊敬語など、自分と聞き手である相手との関係性に配慮した表現ができるかどうかを評価します。「皮肉の理解」では、話者が伝えようとしている批判的な意図を説明してもらいます。

（2）参考情報

　相手への心づかいは丁寧語などの使用だけでなく、他者を気づかう内容でも表現できます。「発話調整」の②「相手がおじいさんだったら、なんと言えばいいですか？」への回答では、丁寧表現という形式的な側面だけでなく、表現内容についても注目してみましょう。なお、4年生になっても「さしあげます」や「いただいた」のような謙譲表現は難しい傾向が見られます。また、2問から構成される「皮肉の理解」課題だけで皮肉を理解する力を判断することはできません。日常生活場面における子供の様子を思い起こしながら結果を解釈してみましょう。

10

Ⅸ 柔軟性

　キーワードに関連する語彙を数多く想起する課題と、与えられた状況の原因について複数の可能性を考える課題を通して、発想の柔軟性を評価します。

（1）課題設定の背景

　会話のやりとりでは、相手の発話内容に応じて臨機応変に言葉を返すことが必要です。また、与えられたテーマに沿って文章を書いたり語ったりするにも、パターン化した内容に陥らない柔軟性が求められます。さらにコミュニケーション場面では、ある出来事を目の前にしたとき、その状況に至る原因について観点を変えていくつも考えられるほど、自分の思い込みによらない対応ができるでしょう。そこで、LCSA では、「A. 関連語の想起」と「B. 推論」の 2 種類の問題を設けています。「関連語の想起」では、手がかりとなる言葉（「丸いもの」など）に関連する語を制限時間内にできるだけたくさん想起してもらいます。「推論」では、与えられた状況がなぜ起こったと考えられるのか、可能性を制限時間内に 3 つ挙げてもらいます。いずれも、思考の柔軟性にかかわる課題であり、言語表現の豊かさやコミュニケーションの柔軟性につながる力を評価しています。

（2）参考情報

　「関連語の想起」課題が低成績になる子供には、大きく分けて以下の 3 つのタイプがあります：①想起できる語が少なく、回答する語数自体が低い、②多くの語を回答するが、重複があったり、特定の意味カテゴリーの語だけがたくさん挙がったりする（「旅行に関係のあるもの」に対して、乗り物の具体例を多数挙げるなど）、③多くの回答が挙がるが、求められている意味内容とつながらず、正答と判断できない語が多く含まれる。寡黙さや、反対に多弁さ、発話のテーマからの逸脱などの特徴がある子供の場合は、本課題における回答にどのような傾向があるかを検討し、日常の会話場面の様子と重ね合わせて関連性を探ってみましょう。

　「推論」課題においては、3 つ以上の回答が列挙でき、出来事の原因について柔軟な解釈が一見できているように見えても、よく吟味すると同じ解釈について表現を変えて回答しているに過ぎない場合もあります。マニュアルを参照して、判断してください。

X 音韻意識

　仮名文字の読み書きの前提となる音韻意識を5つの課題を通して総合的に評価します。

（1）課題設定の背景

　音韻意識とは、話し言葉を構成する音の単位を意識化する力を指します。日本語では、言葉を拍（モーラ）という単位に分けることができます。俳句の五・七・五のリズムは拍で数え、長音や撥音（「ん」）も拍を構成し、実際には発音されない促音（「っ」）も拍のリズムをもちます。ただし、「ゃ」のような拗音は文字で表記しても、前の音節と合わせた「きゃ」でひとつの拍になります。

　仮名で正しく表記するには、まず言葉を正しく拍に分けることが前提になります。日本の文化では、幼児期から「しりとり」のように音韻意識を使った言葉遊びを経験することが多いので、基本的な音韻意識は育ちやすい環境にあると言えます。しかし、しりとり遊びができても、長音・促音・撥音といった「特殊拍」の意識が十分に確立しない子供もいます。音韻意識に苦手さのある子供が学齢期に入ると、特殊拍の読み書きの困難につながっていきます。

　音韻意識を総合的に評価するため、LCSA では、語の真ん中の音節を言ってもらう「A．3モーラ語の語中音抽出」、語尾の拍を手がかりに語を想起する「B．語尾音からの語想起」、与えられた語について拍の並びを逆にして言う「C．逆唱」、促音や長音などの特殊拍の位置を正確に把握しているかを評価する「D．特殊拍の位置」、特定の音節を別の音節に置き換えて言う「E．音韻の置換」という5種類の問題を設定しています。

（2）参考情報

　音韻意識課題を遂行するためには、頭のなかで語を想起しながら、語を構成する拍の順序について考えたり、拍を置き換えてみる操作を行ったりする必要があります。つまり、頭のなかでの音韻的な操作が求められます。事実、音韻意識課題の成績は、数字の順唱や逆唱のような聴覚的なワーキングメモリー課題の成績と関連することが示されています。

（3）リテラシー指数

「音読」下位検査において読み誤りなどが多かったり、音読に時間を要したりする児童ほど「音韻意識」下位検査の成績が低い傾向が明らかになっています。また、「文章の読解」下位検査の成績が低い子供ほど、「音韻意識」下位検査に困難を示す傾向があります。さらに、文章の内容の理解度は、読みの正確さや流暢性と関連が深いことが示されています。このように、読みの正確さや流暢さ、文章の読みの理解度、音韻意識は相互に関連性があります。したがって、「音読」「文章の読解」「音韻意識」の３つの下位検査は、いずれも文字を読む能力（リテラシー）にかかわるため、３種の評価点から「リテラシー指数」が求められます。なお、LCSA は書字の評価は行わないため、本来の「リテラシー」が包含する書く能力は対象外となります。

第2章 結果のプロフィール化と施行に際しての注意事項

1 結果のプロフィール化

（1）プロフィールグラフの作成

　各下位検査で得られた粗点は、児童の学年と生活年齢の双方にもとづいて換算表を参照し、評価点に変換します（図2）。さらに、言語面全体の発達指標としてのLCSA指数と、仮名文字を読む能力にかかわるリテラシー指数を求めます。粗点の評価点への変換や、プロフィールグラフの作成には、出版元である学苑社のホームページからダウンロードできるツール「えるしー君」が活用できます。「えるしー君」はエクセル上で作動するプログラムであり、年齢などに関する情報や粗点を入力すると、自動的に評価点とプロフィールグラフを表示します。

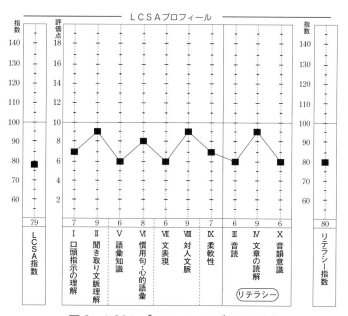

図2　LCSAプロフィールグラフの例

（2）評価点と指数値について

　LCSA の評価点は年齢相当を10とし、標準偏差が３となるように設定されています。したがって、ある下位検査の評価点を100人の子供の成績に置き換えると以下のように考えることができます。

評価点		100人中の成績
8	⇒	下から25番目くらい
7	⇒	下から16番目くらい
6	⇒	下から10番目くらい
5	⇒	下から５番目くらい
4	⇒	下から３番目くらい

　同様に、LCSA 指数とリテラシー指数は、平均100、標準偏差15に設定されています。したがって、指数値を100人の子供の成績に置き換えると、指数が85である子供は下から16番目くらいに位置し、70であれば下から３番目くらいと言えます。

（3）WISC-Ⅳ知能検査との関連について

　LCSA 指数は WISC-IV 知能検査の全検査 IQ と高い相関を示し、リテラシー指数も全検査 IQ と有意な相関があります（『LCSA 施行マニュアル』を参照）。また、LCSA 指数と WISC-IV の「言語理解指標」との間に強い関連があることが示されています。一方で、WISC-IV の言語理解指標は平均以上であっても、LCSA 指数やリテラシー指数が低かったり、特定の下位検査の評価点に落ち込みが見られたりする事例も少なくありません。その理由として、一口に「言語」と言っても WISC-IV と LCSA では測定する対象領域が異なり、LCSA は言語理解と言語表現、語彙や文法、リテラシーなど、言語面の全般的な指標であるという点が挙げられます。その意味で、LCSA は知能の一部を構成する言語能力を評価するとともに、言語により特化した評価であると言えます。

2 施行についてよくある質問

（1）分割した検査の実施について

　子供にもよりますが、スムーズに行うことができれば LCSA は 1 時間弱で全下位検査を終了することができます。子供のペースに合わせて行うことは重要ですが、時間をかけ過ぎることなく、課題を次々と迅速に進めることが子供のストレスの抑制につながります。なお、必要であれば全体を 2 回に分けて実施しても構いません。

（2）再検査について

　指導の成果を明らかにするために本スケールを再度実施したいこともあるでしょう。しかし、「聞き取りによる文脈の理解」のように、テーマ性のある文章を用いている課題は記憶に残りやすいと考えられます。したがって、再度施行する場合には、少なくとも 1 年は間隔をおいてください。その場合、同じ課題を繰り返し経験することによって生じる学習効果が成績に反映している可能性も考慮して、結果を解釈する必要があります。

（3）5 年生以上の児童への適用について

　LCSA は、文字の習得が前提となるために 1 年生以上を対象とし、低学年児の負担感を抑え、難易度をある程度統制するために 4 年生までを想定した課題設定としています。しかし、5 年生以上の児童に適用したい場合もあるでしょう。課題間の評価点のばらつきについて参考情報を得るために施行することはできますが、その場合の評価点や指数値は、あくまでも 4 年生を基準とした値であることに注意しましょう。低い結果となった場合には、4 年生と比較しても低成績であると言えますが、平均範囲以上であった場合は、成績の水準について述べることはできません。あくまでも参考値としてください。

第3章　LCSAにもとづく指導の実際

　本章では、特定の下位検査の成績が低い児童への対応の仕方について、以下の順序で解説します。

本章での解説の順序	対象とする主な領域
○　語彙知識 ○　慣用句・心的語彙	➡　語彙や定型句の知識
○　口頭指示の理解 ○　聞き取りによる文脈の理解	➡　文や文章の聴覚的理解
○　文による表現 ○　対人文脈での言語使用	➡　発話表現
○　関連語の想起 ○　問題解決・推論	➡　柔軟性
○　音韻意識 ○　音読 ○　文章の読解	➡　リテラシー

語彙知識

1 語彙知識に困難がある児童とは

語彙知識に課題がある児童のプロフィールの例を以下に示します。

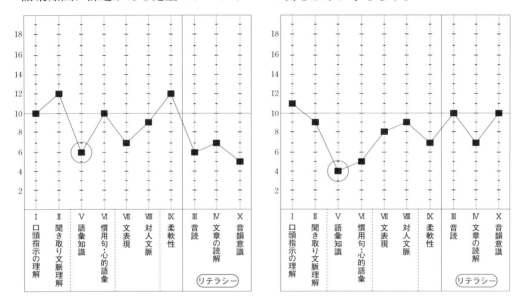

「語彙知識」下位検査の評価点が低いプロフィールの例

語彙知識が十分に育っていないことから、児童によっては以下のような言語面の特徴を示すことがあります。

- 自分から話したがらなかったり、短い文で、内容の乏しい発話になったりする。
- 言葉が出てくるまでに時間がかかり、簡単な言葉で表現したり、適切な語が思い出せず、代わりの表現を使ったりする（「定規」→「線を引くもの」）。
- 「いつも・昨日・毎日」といった時間に関する言葉の使い方に苦手さがある。
- 言葉の意味の境界線（手と腕の違いなど）があいまいである。
- 話のあらすじや文章の要点を読み取ることが難しい。

第3章　LCSAにもとづく指導の実際　　19

2　学齢期の言語指導の特徴：メタ言語的アプローチ

> ### 指導のやりとりの例
>
> ◆**言葉によるヒントからキーワードをあてる**
>
> 　「ハガキを入れます。道路に立っています。赤いものです。」（郵便ポスト）
>
> ◆**事物の特徴を考えて、言葉で表現する**
>
> 　「『辞書』ってどういうものですか？」
>
> ◆**子供が考えた事物の特徴を読み札にして、カルタ遊びをする**
>
> 　「私が言う物の絵を見つけてください。『言葉の意味を調べるときに使うもの』。」
> （絵を選ぶカルタの場合、「…使う本」とすると「本」だけでヒントになるので注意。）

解　説

　メタ言語的活動とは、言葉について客観的に考える活動を指します。ある言葉の意味について、別の言葉を使って表現してみる学習を「メタ言語的アプローチ」と呼ぶことができます。「なぞなぞ」や言葉遊びを楽しめる幼児期はメタ言語の力がある程度育っていると言えますが、辞書を使って意味を調べる学齢期の学習はまさにメタ言語的活動です。

　指導者が説明し過ぎないように注意しましょう。**子供自身が自分の語彙を使って言葉の意味を表現する能動的な経験が重要**です。言葉の意味を教えてもらうという受動的な経験よりも、自分で適切な言い回しを考え出す主体的な活動こそが表現力を高めます。子供の答えが不十分の場合には指導者はより適切な表現に導くヒントや「こういう言い方はどう？」と例を示します。ヒントにもとづいて自力で正答に至ることができれば子供は達成感が得られますし、行き詰ったところで指導者のモデル提示を聞いて「そうそう、それが言いたかった」とうれしく思う過程は学びとして実を結ぶでしょう。似た意味の言葉や反対の意味の言葉（「結ぶ」に対して「つなぐ」や「ほどく」）を想起するのもメタ言語的活動と言えます。

　上記の例のほかに、以下のような活動が考えられます。

1）**仲間集め**：上位概念、下位概念という観点は、「ほうき」と「ちりとり」の関係は何かのように、語の意味の類似点や相違点を言葉で表現することにつながります。

絵カードを上位概念にもとづくカテゴリーに分類する仲間集めは絵カードの操作で終わってしまいがちです。なぜ一緒にまとめたのかを説明したり、同じカテゴリーに属するほかの仲間とはどこが異なるのかを述べたり、上位概念や複数の特徴で定義づける（「ペンギンは海のなかに住んでいるけれども鳥だ」）といった言語表現に発展させることが重要です。

2）**どんなものクイズ**：特定の物の特徴について、その**形、色、素材、用途、上位概念**などについて、指導者と説明し合います。ただし、**目で見た形や色などに関する表現だけにならないことが大事です**。「テレビってどんなものですか？」「テレビと電話はどういうところが似ていますか？」「テレビと電話はどういうところが違いますか？」といった質問にも「テレビは四角くて大きい」など、視覚的な形状が特に注意が向きがちです。子供に言ってもらうだけでなく、指導者がヒントを提示して表現を導き出したり、子供と違った観点からの表現モデルを示したりする工夫が重要です。

3）**お役立ちクイズ、お役立ちカルタ**：例えば、「傘」ならば、「雨が降るときにさすと、ぬれなくてすむ」というように、「物の機能」について語ってもらいます。物が描かれた絵カードを子供だけに見せて、子供が「どういうところが便利か・役に立つか」を相手に説明し、聞き手はその物を当てるという推理ゲームもできます。機能だけでなく、素材や上位概念などについても、交互にひとつずつ説明を列挙し合いながら書き出していくと、さまざまな観点から説明することができることに気づきます。機能を説明してもらうクイズ、子供の説明を読み札にして絵カードを選択するカルタなどのバリエーションが考えられます。

第3章　LCSA にもとづく指導の実際　　21

3　子供の言い誤りや言いよどみを捉えて語を教える

指導のやりとりの例

◆共感的・肯定的に受け止めたうえで、より適切な表現を聞かせる

　子供「お友だちに借りたんだ。」➡指導者「貸してあげたんだね。」

　子供「こうやって、ぐいってやった。」➡指導者「ひねったんだね。」

◆会話がひと段落したら、言い誤りや言いよどみのあった語にアプローチする

　「『借りる』の反対の意味の言葉は何ですか？」

　「『借りる』と『貸す』はどういうところが違いますか？」

　「『ひねる』に似た手の動きにはどんなものがありますか？」（折る、まげる）

解　説

　語彙が少ない子供は適切な言葉（例「ほうき」）を想起できずに、別の表現に置き換えたり（「そうじするもの」）、「えーと」と言い淀んだりすることがあります。このような回りくどい表現や言い淀みは、どのような語彙を指導すべきかについてヒントを与えてくれます。友だちに貸したという場面について、「お友だちに借りたんだ」と子供が言えば、「貸す─借りる」という方向性を示す語彙が十分に身についていないことが示唆されます。相手と自分との関係性を示す「あげる─もらう」「する─させる─させられる」といった使い分けも苦手かもしれません。また、ぶつかったことを擬音語で「ドンってなった」と言う場面があれば、動詞のレパートリーが十分に育っていないことが推測されます。このような発語は、指導を展開するきっかけとなります。このような**子供の言い誤りやあいまいさを含む表現は記録しておきましょう**。

　一方で、子供はせっかく話をしているのに誤りを指摘されたり話の腰を折られたりしては、話す意欲をそがれるかもしれません。会話の自然な流れを尊重して、次のようなステップを心がけましょう。

　ステップ①　共感的・肯定的に受け止めたうえで、より適切な表現を聞かせる：

　　例：子供「お母さんがあげた」➡指導者「そうか、お母さんがくれたんだ」

　　　　子供「椅子からドシンって」➡指導者「椅子から落ちたの」

　子供と会話を楽しむことを優先するため、この段階では子供に模倣を求めることは

22

しません。

ステップ②　会話がひと段落したら、正しい表現を求めたり、似た意味の言葉や反対の意味の言葉を提示したりする：

例：「『お母さんからもらった』を『お母さんが』から始めると？」

　　　「椅子に座ったんだね。そのあと、椅子からどうしたのだったかな？」）。

意味の似ているところや違うところなどについて動作などと合わせながら話し合います。

4　指導する語彙を選択して直接アプローチする

指導のやりとりの例

◆読解問題などに出てきた、知らない言葉を学ぶ

「『ためらう』という言葉は、どういうときに使うと思いますか？」

◆カレンダーにかかわる言葉を学ぶ

（カレンダーを見ながら）「今日は 7 月 1 日ですね。7 月 2 日は『あした』です。7 月 3 日は何と言いますか？」

◆工作活動にかかわる言葉を学ぶ

「手を使って粘土にどんなことができますか？」（丸める、押す、たたく、伸ばす、ひねる、など）

解　説

学齢期の語彙は、数千語あると言われています。これらの語について辞書を暗記するように覚えることは現実的ではなく、語彙学習には何らかの方略が必要です。そこで、指導する語を選択しますが、その際に念頭に置くのが語彙の習熟度です。語彙の習熟度には大きく分けて 4 つのレベルがあります。

レベル 4　会話や作文で自らが使っている言葉 レベル 3　意味の説明もできるが 　　　　　　自分からは想起することがない言葉	➡　語想起指導の対象 　　（「柔軟性」の節を参照）
レベル 2　聞いたことはあるが意味を説明できない言葉 レベル 1　耳なじみもない言葉	➡　語彙指導の対象

大人の場合でも、新聞に出てくる経済用語や特定の英単語は、聞けば意味の説明もできるが自分からは想起することがないレベル3の語彙に相当します。4つのレベルのなかでメタ言語的指導の対象となるのは、主にレベル1と2の語です（27ページの「7 語想起の柔軟性を高める」の節で解説する語想起の指導ではレベル3の語彙が対象となります）。

このような語の抽出には、先に述べた、言い間違いや言い淀みの機会を捉える方法のほかに、(1) 教科書などで出てきた、子供になじみの少ない語彙を拾い出して指導する方法と、(2) 相互に関連する意味をもつ名詞、形容詞、動詞といった目標語彙を設定する方法の2つの方略があります。選択された言葉について、意味を能動的に考えてみる、自分の言葉で置き換える、反対語を考える、別な文脈で実際に使ってみるといったメタ言語活動を通して、語彙になじんでいきます。

（1）教科書などの文章に登場する、子供の理解が不十分と思われる語を指導する

文章のなかに出てくる言葉には前後関係の「文脈の支え」があるので、実際には正確に理解していない言葉も子供は分かったつもりになっていることがあります。例えば、「駅の手前にある信号」の「手前」の意味を「（手の届くほど）近く」と考えているかもしれません。文章を読んでもらう際には、子供の意味理解が正確でない可能性のある語をあらかじめ拾い出して、理解度を確認してみましょう。

なお、教科書の説明文や子供向けの新聞記事には、意味的抽象度の高い漢字熟語（「交通」「直線」など）も出てきます。漢字学習と合わせて指導していきましょう。ただし、新聞記事などは、日常生活や学習場面に直結しない言葉も使われているので、知らない語をすべて取り上げるのではなく、生活や学習場面に照らして重要度の高いものを選んで学んでもらうようにします。

（2）意味的に近い語を関連づけて指導する

時間や季節にかかわる言葉、位置を表す言葉、工作や調理にかかわる言葉など、**意味的に関連する語を相互に関連づけて、対比させながら指導する**ことも効率的な方法です。語彙の学習では、お互いに関連のない語を学習するよりも、**何らかの意味的な文脈がある方が記憶に残ります**。例えば、学校で調理実習をする際に、調理用具や食材、調味料などの名称について導入すると、調理場面を思い起こすことで料理に関する言葉を

想起しやすくなります。工作や料理における一連の手続きを箇条書きや文章にまとめたり、ほかの人に発表したりすることを通して、材料・食材、道具、手続きの動作を表す言葉を順序立てた説明のなかで使用する経験を積みます。

このほかに意味的な関連性のある語の例として、場所や時間を表す語があります。

1 ）**場所を表わす語**：「宝さがし」では、①指導者の言語的な指示に従って地図上で道をたどっていったり（「お宝は、はじめの角を左に曲がったところにあります」）、②反対に子供に指示を出してもらい、指導者が宝を見つけに行ったり（「お宝のある場所を言葉で説明してください」）、③カードに書かれた指示通りに子供と指導者がそれぞれ各自の地図上で進み、ふたりが同じところに行きつけるかを試したりと（「お宝のありかが書いてあるメモを見て、お宝を探してみましょう」）、数通りのバリエーションがあります。いずれも語彙知識や空間認知の力を土台としています。

2 ）**時間を表わす語**：疑問詞「いつ」を含む問いかけに適切に答えるには、時間の概念という認知や、時間を表す語彙をもっていることが前提となります。カレンダーが視覚的な手がかりとなります。

語の種類	例
場所を表す語	右・左　　東・西・南・北　　おもて・うら　　かど　　正面 ～と～の間　　～の上・下　～のななめ右上・左下
時間を表す語	あした　あさって　きのう　おととい　今週　来週　先週 曜日を表す言葉　季節を表す言葉 明日・きのうは何曜日？ 今日の２日前・後は何日？ あさって・おとといは何日？ 来週・先週の木曜日は何日？

3 ）**動きを表わす語**：動作を表す語彙を十分にもっていない場合、子供は擬音語や擬態語で表現しがちです。動きを絵で見せたり、実際に動作を見せたりして、「何をしていますか」と言葉での表現を求める活動や、行為を言葉で伝えて相手に動作を行ってもらう「指令ゲーム」などを通して、表現の幅を広げていきます。**関連する語の意味の違いや似ているところを説明し合うというメタ言語的活動を取り入れたり、例文を作ってみたりしながら、聞いて理解できるだけでなく、実際に使える語彙にまで高めていきましょう。**

語の種類	例
工作で行うこと	折る　貼る　ねじる　つまむ　のばす　測る
口でできること	たべる　飲む　噛む　吹く　口笛を吹く　吸う　はさむ　くわえる なめる　歌う　しゃべる　さけぶ　ささやく　つぶやく
足でできること	歩く　走る　跳ぶ　スキップする　ケンケンする　蹴る　開く 閉じる　踏む　のぼる　おりる　つまずく　よろける
目でできること	見る　ひらく　閉じる　つむる　ウインクする　にらむ　細める 回す　横目で見る　涙を流す
手でできること	開く　閉じる　にぎる　じゃんけんする　さわる　つかむ　はなす 押す　ひく　たたく　つつく　ねじる　ひねる　指さす　つまむ なでる　しぼる　折る　回す　なげる　ころがす　はじく
座布団を使って できること	すわる　あぐらをかく　正座する　まくらにする　丸める　干す

5　知らない言葉を視覚化する

指導のやりとりの例

◆知らなかった言葉をカードに書き出す

「『よく年』とこのカードのおもてに書いておきましょう。カードのうらに『よく年』の意味や、意味が似ている言葉も書きましょう。」

◆作った語彙カードを用いて振り返りを行う

（カードのうらを見ながら）「この意味の言葉は何だったでしょうか？」

解　説

　言葉を聞かせたり、一度使ったりしただけではすぐには自分の語彙にはなりません。しかも音声は直ちに消えてしまうので、記憶に残りやすい方法で経験する工夫が求められます。

（1）言葉を文字化する

　幼児期と異なり、文字で言葉を視覚化できることが学齢児の強みです。新たに学ぶ語彙を文字にして視覚的に印象づけます。

26

なお、漢字熟語で表される語彙の場合には、漢字の難しさが語彙の学びを妨げている可能性もあります。語彙とともに漢字もあわせて学習するように心がけましょう。漢字の学習については「リテラシーをめぐるトピック2」（151ページ）を参照してください。

（2）新たな語彙をカードにしてコレクションの対象にする

新たに学ぶ語彙をカードのおもてに書き、うらに意味や使い方の例を書いておきます。言葉の意味について話し合ったり、辞書で調べたり、例文を考えたりすること自体が学びのプロセスとして重要です。それらの情報をカードに書き出すことによって、頻繁に振り返りを行ったり、カードのおもての言葉から定義を考える、うらに書いた定義から語を想起する、あるいは反対の意味の言葉を考える、例文を作ってみる、といったメタ言語的活動に展開したりすることができます。使用するカードは「情報カード」という名称で市販されている無地のカードをそのままの大きさか、適切な大きさに切って用いると良いでしょう。カードをリングで留めて自分だけの「マイ辞書」とすることで、カードを増やしていく動機づけが高まります。語彙はノートに書き出してもよいのですが、覚えた語彙はリングから適宜外すことができるのがカードの利点です。

6 言葉を学ぶ方法を学ぶ

指導のやりとりの例

◆意味の知識に自信のない言葉に線を引く習慣をつける

「この段落のなかで少しでも意味が分からないと思う言葉に線を引いてみましょう。」

◆意味がよく分からない言葉について質問する習慣をつける

「これから読む文章のなかで、意味がよく分からない言葉があったら質問してください。」

◆言葉の意味を辞書で調べる習慣をつける

「『直通』という言葉の意味を辞書で調べてみましょう。」

解　説

指導のなかで言葉を教えても、それは身につけてほしい語彙の氷山の一角に過ぎませ

第 3 章　LCSA にもとづく指導の実際　　27

ん。日頃から子供自身が言葉を取り込む意欲と習慣を身につける必要があります。しか
し、言葉に苦手さを感じている子供は、知らない言葉に出会ってもそれらに向き合うよ
りも、避けて通りがちです。意味が分からない言葉に出会うことは、世界を広げるチャ
ンスでもあります。大人は、子供が語を知らないことを責めるのではなく、「わからな
くてもいいんだよ」「一緒に知らない言葉を探してみよう」と、知らない言葉に出会え
てよかったと子供と一緒に喜ぶ態度を示すよう心がけましょう。

　**本のなかで知らない語に出会ったら線を引く、人に質問する、辞書を使うという習慣
を養いましょう。**文字だけの辞書よりも、ことば絵辞典のような本の方が、絵を介して
意味を理解しやすく、文字を隠して絵だけから言葉を想起するという活動もできます。
辞書を使う場合には、付箋紙を貼って繰り返し語彙を経験し、十分身についたと思われ
たら付箋紙を外していきます。

　また、前述のように、繰り返し経験するために、調べた語をカードに書いて「マイ辞
書」を作るのも一案です。語彙が増えていく過程を実感し、学習を重ねることで知らな
い言葉が分かるようになるという満足感を感じてもらいます。電子辞書やデジタル端末
を使うと、調べることの動機づけが高まるかもしれません。

7　語想起の柔軟性を高める

指導のやりとりの例

◆キーワードに関連する言葉をできるだけたくさん想起する

　「『楽器』にはどんなものがありますか。できるだけたくさん挙げてください。」

◆指導の対象になった言葉を意味的なヒントから想起して復習する

　「意味のヒントを出すので、今日勉強した言葉を思い出して言ってください。」

解　説

　「語彙知識」というと、「頭のなかにある辞書」のイメージがあります。その辞書に書
かれた語彙が豊富であるほど望ましいと一般的には考えられます。確かに語彙知識は、
頭のなかに知識としての語彙をどの程度もっているかを指し、これは学習の産物です。
しかし、実際に言葉を話したり文章を書いたりするには、場面に応じて頭のなかの辞書
から適切な言葉をスムーズに抜き出して、表現できなければなりません。知識となった

語彙をいかに的確にすばやく引き出すことができるかが語想起の力です。つまり、**実用的な語彙の豊富さは、〈語彙知識〉と〈語想起〉によって支えられている**と言えます。語想起力を測る課題は、LCSA の「柔軟性」下位検査にも含まれているので、後述する「柔軟性」の節（94ページ）も参照してください。

（1）繰り返しと振り返りの機会を与える

　子供に語彙を身につけてもらうためには、単に子供に語を聞かせるだけではなく、子供自らが「語を想起しようと努め」「想起できた語を使う」経験を用意することが重要です。また、語彙を使う経験を2、3度繰り返すだけではなかなか定着し自分のものとなりません。振り返りと繰り返しが重要となります。指導の最後には、当日学んだことの振り返りを行い、次の週にも前回学んだことの復習の時間も設けるようにしましょう。

（2）多感覚的な指導を心がける

　幼児期までの話し言葉は、主に話すことと聞く経験から成り立っており、音声として産出され、聴覚から入力されます。しかし、言葉という記号と結びつく事物の概念は、物を視覚的な特徴で印象づけたり、触ってその質感、重さ、温度などを体感したり、味やにおいも含めた五感を通して形作られていきます。さらには、雪を見て「綿菓子みたい」と、すでにもっている知識と関連づけたり、事物を経験した時の情感も結びついて記憶されていたりするかもしれません。また、学齢期には文字という視覚的情報と結びつけることができます。このように、言語は単に聴覚的な経験ではなく、五感や過去の知識、情動などとも結びつきながら育っていきます。したがって、言葉を聞くだけではなく、経験を積むなかで、さまざまな感覚、事物操作を含む運動、感情などを総動員して多感覚的に言葉を習得してもらいます。この過程を通して言葉にまつわる記憶のネットワークが充実し、語想起の柔軟性にもつながっていくと考えられます。

第3章　LCSAにもとづく指導の実際　29

語彙知識

指導事例1

語彙の習得から語り表現へ導く指導

■ 児童の実態

　生活力はあり、身近な言葉はある程度知っていますが、語彙は少なく、言葉で自分の気持ちを表現したり、状況を説明したりすることは苦手です。言語的な説明を聞いて理解したりすることも難しいので、能力的に全体的な底上げが必要な状況です。

1　指導方法

　生活力があることを利用して、「生活のなかで使える言葉を増やし、やりとりする力を育てる」ことをねらいとしました。

① 身の回りのものの名前や、動きや様子をあらわす言葉をあいまいに覚えているようなので、絵カードを使って確認しながら、理解し表現に使える言葉を増やしていきます。絵をヒントにすると、抵抗なく学習に取り組むことができました。自分の気持ちをうまく言えないときは、表情カードをヒントに言語化していきます。

② ある程度わかる言葉が増えてきたら、それらを使って説明をする学習に進みます。はじめは、日常生活の場面を表す1枚絵で、担当者がヒントになる絵の部分に注目させながら、説明してもらいます。慣れてきたら、絵の数を増やし4枚の続き絵を説明してもらいます。

2　結　果

　生活力がある本児にとって、日常生活を題材とした語彙や絵をヒントにしたことで、学習に抵抗なく取り組むことができました。特に、4枚から成る連続絵は、「題」をつけたり、ナレーションやト書きのような説明をさせたりすると、興味をもち自分から進んでストーリーを考えて話すようになってきました。ゲームやお笑い番組が好きなので、人物の気持ちは、絵に吹き出しをつけると、大喜びで変化をつけたいくつもの言葉を考えていました。うまく説明できるようになってきたことを自覚し、日頃のやりとりも相手になんとか伝えようと、考えながら話すようになりました。相手に話した内容が伝わるとうれしそうで、自信をもって会話に参加するようになってきました。

慣用句・心的語彙

1　慣用句・心的語彙に困難がある児童とは

慣用句・心的語彙に課題がある児童のプロフィールの例を以下に示します。

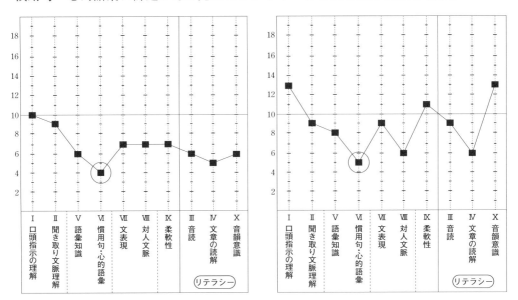

「慣用句・心的語彙」下位検査の評価点が低いプロフィールの例

　慣用句や心的語彙が十分に育っていない場合、児童によっては以下のような言語面の特徴を示すことがあります。

- ▶ 慣用的表現の意味を誤って理解してしまう（「目と鼻の先」を「顔の前」と理解する）。
- ▶ 慣用句が含まれる文章の大意を理解することが難しい。
- ▶ 物語の登場人物の心情を表す文章を理解しにくい。
- ▶ 自分の気持ちを言葉で表現できずに、感情だけが高ぶってしまう。

2 慣用句を学ぶ

指導のやりとりの例

◆穴埋め課題で慣用的な表現を学ぶ

「『耳を○○』の丸のなかに文字を入れると、「相手の話を聞く」という意味の言葉になります。何が入るでしょうか？」（貸す）

◆意味のヒントから慣用句を想起する

「人にほめられるようなことをしたときの気持ちを『鼻』を使って言うとどうなりますか？」（鼻が高い）

解 説

　慣用句には、「腹が立つ」「へそを曲げる」「頭を冷やす」「肩をもつ」「鼻が高い」「耳を貸す」のように、人の身体の部分を含むものがいくつもあります。そのほかにも「馬が合う」「ごまをする」など、名詞と動詞の組合せで独特の意味を表すものもあります。身体の動きから意味を推測しやすい「手を広げる」「口をとがらせる」といったものがあれば、「さばを読む」や「油を売る」といった、初めて聞いたり読んだりする人にとって前後の文脈の助けや成り立ちの知識なしにはそれこそ「手も足も出ない」慣用句もあります。

　私たちが慣用句の意味を理解するのは、それが使われる文脈に照らして意味を推測する経験を積んでいるからと言えます。「年齢のさばを読んでいる」といった表現を何度か経験するうちに、年齢を都合のよいように偽るということだと理解していきます。慣用句の知識が十分に育っていない子供に対しては、文脈から意味を推測する機会を与えることは重要です。また、クイズのように、意味のヒントや穴埋め形式の問題で個別に学んでもらうというのもひとつの方法です。これは「一石二鳥」のような漢字熟語になっているものや、「石の上にも三年」のようなことわざにも共通して言えることです。

3 心的語彙を学ぶ

指導のやりとりの例

◆特定の心の状態が喚起されるような場面における気持ちについて話し合う

「明日は楽しみにしていた遠足です。でも雨が降りだしてしまいました。そんなときはどういう気持ちになりますか?」

◆特定の心的語彙にあてはまる場面を想起する

「『安心する』という言葉はどういうときに使いますか?」

解 説

　語彙のなかでも、「考える」といった心の活動や、「うれしい」「心配する」など感情や心の状態を表わす動詞や形容詞、名詞などを心的語彙と呼びます。「わくわくする」といった擬態語を使った表現を含むこともできます。このような心的語彙は、自分の思いを伝えたり、経験にともなう感情を振り返ったり、他者の心の様子を言葉で表したりするのに重要な手段となります。

　学齢児に身につけてもらいたい心的語彙には以下のような語があります。

語の種類	例
心の状態や感情	考える、信じる、うたがう、安心する、心配する、こまる、あわてる、おちつく、うれしい、かなしい、くやしい、はずかしい、さみしい、なつかしい
擬態語を含む表現	いらいらする、そわそわする、めそめそする、びくびくする、わくわくする、ひやひやする
他者に向けた心の状態	はげます、なぐさめる、尊敬する、うらやましい、ねたむ

　心的語彙のレパートリーが少ない場合、一般的な語彙と同様に、効果的な語彙学習が難しいことが考えられます。しかし、目で見たり、手で触ったりすることのできる事物と異なり、感情はあくまでも内的な反応です。しかも、誰もが同じ状況で同じ感情を抱くとは限りません。雪景色を見て、「きれいだ」と思う人と、「寒そうだ」と感じる人がいるように、心の機微は一人ひとり異なります。したがって、ある状況を経験して、他

第3章　LCSAにもとづく指導の実際　　33

児と同じような情動が喚起されないとするならば、そのような情動面の個性が心的語彙の習得に影響している可能性も考えられます。それでも心的語彙の一般的な使われ方や語の定義などを通して、メタ言語的に意味やニュアンスを理解するよう努めることは、自分の思いを説明したり、他者の内面を洞察したりするためには重要です。感情は表情にも現れますから、人物の写った写真などを見る機会があれば、その表情も気持ちを表す言葉と結びつけて聞かせるように心がけましょう。

　心的語彙を学ぶには以下のような活動があります。

1）**登場人物の心情を表す文章を読む**：ストーリーを読んで、登場する人物の心情を表す心的語彙や心の状態を描写する文に線を引きます（図3）。前後の文脈を参照しながら、線を引いた言葉や文の意味について話し合います。

のどかな岸を歩いていると、<u>なつかしい海のかおり</u>につつまれました。<u>最後に妹と来たのは中学生のころだった</u>でしょうか。まだ小学生だった妹は、<u>ひろったもも色の貝がらを手のひらにのせて、そっと私に差し出しました。</u>

図3　心情を描写する部分に線を引いた文章の例

2）**ゲームを行ったり、経験を語ったりしながら、気持ちを言葉で表現する**：自分の気持ちを言葉にしながら、はらはらするようなゲーム（ジェンガなど）や、勝ち負けのあるゲームに参加します。「どきどきする」「残念」「くやしい」「うれしい」な

ど、指導者は自分の気持ちを表現してモデルを示しながら進めていきます。過去の自分の経験を語るときにも、気持ちについても表現してもらうようにしましょう。また、子供に表現を求めるだけでなく、**「先生はこう思った」という表現のモデルを機会のあるごとに聞かせていくことも重要です**。保護者の理解と協力を得て保護者にも家庭で実践してもらうとよいでしょう。

3）架空の状況に応じた気持ちを言葉で表現する：「友だちとゲームをしていて、もう少しで勝ちそうだったのに、友だちが帰る時間になってしまいました」「はじめて来た場所で迷子になってしまいました」など、心の動きが生じるような場面を挙げて、その時の気持ちについて話し合います。

4）特定の心的語彙にあてはまる場面を想起する：「どんなときに安心しますか？」「これまで、どんなときに安心しましたか？」など、特定の心的語彙にあてはまる状況を想像したり、経験のなかから思い出したりします。「安心する」といったキーワードを中心とした「ひらめきマップ」を作っていくと（図4）、自分が想起した状況が視覚的に確認できます。また、「どんなときに○○○？」だけでなく、「どうしてその場面が○○○？」「ほかにはどんな場面で○○○？」といったやりとりを展開したり、キーワードを含む例文を作るのも有意義な活動です。

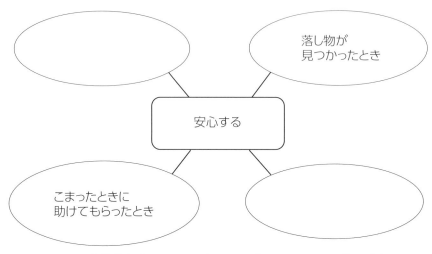

図4　心的語彙をキーワードとする「ひらめきマップ」の例

5）カードを並べて「意味の地図」を作る：いくつかの心的語彙をカードに書いておき、「うれしい」と「かなしい」、「あわてる」と「おちつく」のように反対の意味の言葉を上下に配置し、意味の地図を作っていきます（図5）。あるいは、「うれし

い」「たのしい」「きたいする」といったポジティブな意味のカード同士を近くに配置したり、反対に、「かなしい」「さみしい」「くやしい」といったネガティブな意味のカードを集めて配置したりしながら、どういうところが似ているのか、あるいは異なるのかについて話し合います。このような活動で対象とした語彙や表現は、1回の指導で終わりにしないで、2〜3回繰り返し、定着を確認することが重要です。

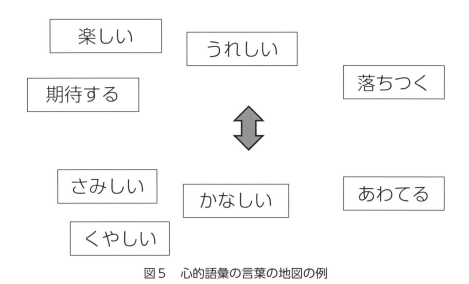

図5　心的語彙の言葉の地図の例

　自分の意見が通らないと怒ったり、勝ち負けで負けることが嫌だったり、勝ち負けがかかわること自体を避けたりする子供には、自分の気持ちを表す語彙を教えていくことも大切です。自分のネガティブな感情も言語化し、聞き手もその言葉で気持ちを受けとめてあげることから感情のコントロールへとつなげていきましょう。また、自分の失敗を友だちのせいにすることが多い子供に対しては、「友だちのせいにしてはいけません」と言い聞かせるだけでは解決になりません。その背景には、自分の失敗が認められない、自分が失敗することが許せないということや、そもそも自己肯定感が低いということが考えられます。失敗して「くやしい」という気持ちはみんなもっているということを理解してもらい、それを共通理解の出発点として、気持ちのコントロールを目標にすることの大切さを子供と共有しましょう。

指導事例 2

慣用句や心的語彙を増やす指導

■ 児童の実態
　自発話が少なく、質問しても「分からない」「忘れた」と言うことが多くて会話が長続きしませんでした。また、日常的に使う言葉の意味を正しく理解していないこともありました。LCSAでは、「語彙知識」「慣用句・心的語彙」が特に低い結果となりました。

I　慣用句を豊かにする

1　指導方法

　「耳をすます」「くびを長くする」といった慣用句がイラストつきで紹介されている慣用句カードを用いて指導を行いました。慣用句のはじめの語（「耳を」「くびを」）が文字で示され、慣用句の意味を表す絵が描かれているため、はじめの語から慣用句の全体を想起したり、イラストからその意味を推測したりするのに役立ちます。この慣用句カードを使って、言葉と意味をマッチングして覚えていきます。覚えた慣用句が増えたところでカルタ形式にし、指導者が慣用句を言って、その意味を表す絵カードを取るようにします（図6、使用教材：慣用句カード1集・2集　くもん出版）。

2　結果

　使用した慣用句カードは、様子が絵で表されているので、意味がイメージしやすかったようです。また、絵と頭の言葉から慣用句を想起しやすいようでした。カード形式になっているので、覚えたカードが増えていくのが嬉しく、意欲的に学習に取り組むことができました。指導が進むにつれて慣用句に親しみを持つようになり、指導場面以外でも「こう

図6　慣用句の意味がイラストで表されている教材の例
　　　慣用句カード2集　くもん出版

いう場合はなんて言いますか？」と聞くと、慣用句を使って答える様子も見られ、生活のなかに慣用句を取り入れるようになりました。また、慣用句の学習をすることで、言葉通りの意味ではないものもある、ということに気づくことができました。

Ⅱ 気持ちを表す言葉を豊かにする

1 指導方法

　気持ちを表す言葉のビンゴゲームを行いました。5行×5列のマスの一つひとつに「たのしい」「しんぱいだ」「はずかしい」などの気持ちを表す言葉と、その状況を示すイラストが描かれているプリントを用います。気持ちを表す言葉の書かれたカードを引いて、ビンゴ表のなかに同じ言葉があったらシールを貼り、そこに描かれた絵を見て意味を理解していきます。絵と同じような気持ちになったことがあるかを尋ね、経験を話してもらいます。その後、カードに書かれている言葉を使って文作りを行います（図7、使用教材：「【気持ち】仲間ことば　ビンゴカード　ちびむすドリル【幼児の学習素材館】」）。

2 結　果

　使用したプリントは5枚セットでそれぞれ別の配列になっているので、子供と指導者でどちらが先に揃うかというゲーム性を持たせることにより、意欲的に学習に取り組むことができました。気持ちや表情が絵で表されているので、理解しやすかったようです。絵を見ながら自分の経験を振り返り、そのときの気持ちについて話すことができました。そして、気持ちを表す言葉を使って、文章を作ることができるようになりました。似たような気持ちでも多様な表し方があることに気づき、表現の幅が広がりました。

図7　気持ちを表す言葉がイラストとともに示されている教材の例
【気持ち】仲間ことば ビンゴカード　ちびむすドリル【幼児の学習素材館】

口頭指示の理解

1 口頭指示の理解に困難がある児童とは

口頭指示の理解に課題がある児童のプロフィールの例を以下に示します。

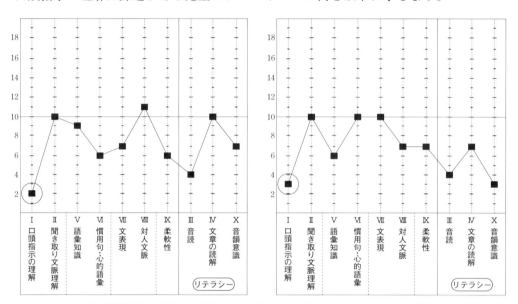

「口頭指示の理解」下位検査の評価点が低いプロフィールの例

口頭指示を理解する力が十分に育っていない場合、以下のような特徴を示すことがあります。

▶ 集団場面では指示が入りにくい。
▶ 質問されたことと答える内容が食い違うことがある。
▶ 言われたことの理解が難しく、思い込みで行動しがちである。
▶ 会話がかみ合わないことがある。

2 ゲームやクイズなどを通して、聞く態度を育てる

指導のやりとりの例

◆複数のヒントを聞いて言葉を想起する

「金属でできていて、食べ物を突きさして口に運ぶ道具は何ですか？」

◆指示を聞いて実行するゲームを行う

「ここにあるえんぴつを左から長い順に並べてください。」

「この地図を見て、言うとおりに道をたどってください。最初の通りを右にまがります。ふたつ目の角を左にまがります。そこには何がありますか？」

◆簡単な算数の文章題を聞いて答える

「みかんが3個ありました。お母さんがあと2つ持ってきました。でも、弟がひとつ食べてしまいました。みかんはいくつ残っていますか？」

解　説

　LCSA では、言葉を聞いて理解する力を2つの下位検査で評価しており、そのひとつが比較的短い指示文の理解力を測る「口頭指示の理解」です。この課題では、相手の発話への注意力や、指示の始めから終わりまで漏れなく聞き取り、内容を覚えている聴覚的短期記憶が試されます。注意が逸れやすかったり、ワーキングメモリーの容量が小さかったりすると難しくなります。したがって、この下位検査の成績が低い場合には、短めの文に集中して耳を傾けることが求められる活動を行い、指示理解力の向上を図ります。

　クイズや言葉を使ったゲームでは、相手の指示や問題を最後まで聞いて、情報を統合する力が求められるとともに、楽しさが聞くこと自体の動機づけを高めます。以下のような活動が考えられます。

1）**聞いて答えるクイズやゲームを行う**：遊びのなかで相手の言うことをよく聞いていなければならない状況を設定します。なぞなぞやスリーヒントクイズに答えたり、短い文や説明を聞いてあてはまるカードを取るカルタを楽しんだりするなどの遊びは、傾聴が前提となります。同様の活動として「間違い探しクイズ」では、おかしな内容の文を聞かせて、どこがどのように間違っているのかを答えてもらいます（「犬は4本の足でうしろ向きに歩きます」「火事があったら消防士さんは救急車でかけつ

けます」）。なお、やさしすぎる課題は、クイズとしては楽しめても聞く力の向上にはつながりにくいので、子供の反応を見ながら、難易度を調整していきます。

２）**指示を聞いて行動するゲームを行う**：複数の文から成る簡単な指示を聞いて、それを実行するゲームとして、ヒントを手がかりにして部屋のなかに隠された「宝」を探し出す「宝探しゲーム」（「窓の一番近くにある棚の一番左下にあります」）や、言われた行為を行う「アクションゲーム」（「椅子から立ち上がって手を叩いてからドアを閉めてください」）があります。ほかにも、道順を聞いて地図の上で目的地に行きつく「道案内ゲーム」、指示されたものを選ぶ「買い物ゲーム」、耳元で言われた文を別の人に正確に伝える「伝言ゲーム」などがあります。なお、ヒントや指示を口頭で聞くだけでは、自分の行動が適切だったかどうかは指示者に判断してもらうしかありません。そこで、ヒントや指示はカードに書いておき、ヒントや指示を出す人はそれを読み上げるようにします。読み上げたカードは伏せて机上に置いておきます。こうすることで、必要に応じて子供は自分の行動が正しかったどうかを自分自身がカードで確認することができます。適切に行うことができた指示のカードを集めていき、枚数を競うゲームにもなります。

３）**聴覚的ワーキングメモリーを活用して質問に答える**：指導の最初に、カレンダーを見ながら最近の出来事を振り返る自由会話の場面を設けることがあります。その機会を捉えて、カレンダーを一緒に見ながら聴覚的なワーキングメモリーを必要とする次のような少し複雑な質問をします：「先週の木曜日は何日ですか？」「５月４日の３日後に出かけました。出かけたのは何日ですか？」「18日から１日おきに３回買い物に行きました。何日に行きましたか？」。算数の簡単な文章題も、問題を聞くことから始めれば、聴覚的ワーキングメモリーを活用することになります。

上記の２）や３）では、時間や位置に関する言葉を組み込むことができます。指示通りに人形を動かす「指令ゲーム」では、人物フィギュア、動物・家具・食べ物などのミニチュア、はさみや消しゴムなど小さめの物品を机上に置いて、参加者が交代で指示を出し、もうひとりが指示通りに人物や動物を動かしていきます。指導者と子供は、それぞれどんな動きを相手にさせたいかをカードに書いておきます（例：「犬は消しゴムの<u>まわり</u>を一回りしました。そして、はさみのにおいをかぎました」「ウサギはえんぴつとはさみ<u>の間</u>を走りぬけ<u>てから</u>箱<u>のうしろ</u>にかくれました」）。このほかにも、「〜した後で」「〜する前に」「〜と〜の間に」「〜の上・下・横・前・うしろに」「ひとつおきに」「右・左か

ら○番目の」などの言葉が使えます。もう一度言ってもらいたいときに使う「リクエストカード」をあらかじめ何枚か配っておいてもよいでしょう。

なお、ひとりが自分のカードを読み上げ、もうひとりが実行しますが、文を正しく聞き取っているかどうかを確認するために、実行の前に指示を復唱してもらうという段階を入れることもできます。最後に、カードを見て、行為が正しかったかを確認し、正しければそのカードを「ゲット」します。指導者が実行する番では、わざと間違えて、子供にどこが間違っているのかを指摘してもらうこともできます。

3 活動の流れのなかで指示を聞いて行動する

指導のやりとりの例

◆ルールの説明や他者の指示を聞いてゲームを楽しむ

「今日はチームで『神経衰弱』をします。チームのひとりが一枚目をめくったら、もう一枚の同じカードがどこにあると思うかを、チームのほかのメンバーはその仲間に言葉で教えてあげてください。カードをめくる人は、言われた通りの場所のカードをひっくり返してください。」

◆説明を聞いて工作を楽しむ

「まずはじめに、紙を半分に折って、三角形にしてください。次に……」

解説

学校での一斉指示は、集団活動のなかで与えられます。個別指導や小集団活動でも、指導者の説明や指示に従うことで達成感を得られたり、楽しめたりする課題を用意することができます。

1）**ゲームやルールのある遊びをする**：ルール性のある、子供にとってなじみのない遊び、あるいは通常の遊び方にルールの変化を加えた活動を行います。指導者は、ルールの教示を意図的になるべく口頭で与えるようにして、聴覚活用を促します。理解を試すために、必要に応じて子供にルールを復唱してもらいます。

2）**説明を聞いて工作や折り紙などをする**：材料を用意して工作や折り紙、調理などを楽しみます。1）と同様に指導者は口頭で教示を与えますが、活動の過程で随時指示を与えていく点が異なります。指示を理解しないとうまくいかない場面も経験し

ながら、集中して聞く姿勢を育てます。また、よく聞く姿勢が見られた場合には、ほめてフィードバックを与えます。

4 聞くときの態度について学ぶ

指導のやりとりの例
◆聞くときの姿勢を意識する
「話を聞くときは、いすにどのようにすわるのだったでしょうか？」
◆子供の適切な聞く態度をほめる
「先生が話をしているときに、先生の方をよく見ていましたね。」
「友だちが意見を言っているときに、よく聞いていましたね。」

解 説

　ここまでは、聴覚活用を促す活動でしたが、聞くときの態度を子供に身につけてもらうことも大切です。具体的には、大人に言われて聞く姿勢を正すのではなく、必要に応じて以下のような点を自分自身で気をつけることができるように導きます：話を聞くときには相手の顔を見る：姿勢を正して、口を閉じて話を聞く：聞く相手が何を伝えようとしているのかを考えて、理解できていることをうなずきで示す。

　相手が話しているときは聞くというルールを子供と共有し、指導者は子供の注意が話し手から逸れているときだけに指摘をするのではなく、落ち着いて聞けているときにそのことを指摘してほめていきます。話を聞く場面で視線を合わせたらほめるといったフィードバックを与えて、自分自身の聞く態度に気づかせていきます。なお、理解できないことがあったら、「もう一度言ってください」「わからないので教えてください」と言えるようになることも大切です。

　一方的に話をしてしまう子供の場合には、相手の話をさえぎらずに聞くことができたら、子供が好きな話をしていい時間を設けたり、シールを貼っていくことを報酬としたりするという方法もあります。あるいは、タイマーを使い、30秒程度の発言に耳を傾ける習慣をつけ、聞く時間を少しずつ伸ばしていくという方法も考えられます。

第3章　LCSA にもとづく指導の実際　　43

5　子供への語りかけを調整する

指導のやりとりの例

◆子供に注目を促してから話し始める

「準備はいいですか。○○さん。はい、今日これからやることをお話します。」

◆分かりやすく整理して話す

「今日は3つのことをやってみましょう。まずはじめに、……」

「これらのカードを分類します。これらのカードを仲間同士に分けるということですね。」

口頭指示の理解

解　説

　子供の聞く力を伸ばすことに加え、周囲が環境を整えていくことで、子供の注意力を高めます。下記のような配慮は、子供の在籍学級や家庭などでも実施してもらうとよいでしょう。

1）**周囲の環境を整える**：相手の背後の棚にカーテンをかけるなど、余計なものが目に入らないように教室環境を整える、机の上には必要なもののみ置くようにして、鉛筆のキャップや触りたくなるような変わった文房具は使用しない、といった配慮が挙げられます。

2）**子供の注意を引きつけてから話す**：集団場面で子供に話しかける際には、注目を促し、アイコンタクトが成立してから話しかけるようにします。注意が向きにくい場合には、子供の名前を呼んで、返事が来てから話しますが、姓だけで返事がないときはフルネームで呼ぶなど変化をつけたり、肩に触れたりして、意識をこちらに向けてから話します。活動の切り替えの指示は身体の動きが止まってから出すようにすることも大切です。

3）**理解しやすい話し方を心がける**：短く簡潔に話しかけることが基本です。指示はステップを細かくして伝え、ゆっくりした話速や、次の文の前に間を取るよう心がけます。子供の表情などから、こちらの意図が伝わっていないと察せられるときは、より平易な表現に置き換えて伝えます。暗に含んでいる内容や背景となる常識など、子供が気づいていないと思われる部分は言語化して伝えます。

44

4）**活動の長さを調整する**：子供の注意力に配慮して、活動の長さを調整したり、集中力を要する課題から始めるなど順序を調整したりします。ドリル的な繰り返しを要する課題では、取り組む時間や問題数をあらかじめ決めておき、達成できたらほめて、少しずつ増やしていきます。

第 3 章　LCSA にもとづく指導の実際　　45

事例報告 1

言語表現や言語理解が苦手で学習意欲が下がっている児童への文表現、聴覚的理解の向上を目指した指導

■ 児童の実態と指導方法の概要

「学習の理解力が低下しており、学習が遅れていることで本人のやる気が下がっている」ということを主訴として通級を開始した小学校 3 年生の女児。「適切な文表現でのやりとりを通して、相手に正しく伝わった経験を積むこと」「文を聞いて理解する力を高めること」「音韻意識を高めること」を長期目標とし、指導を行いました。丁寧な言葉のやりとりを通して体験や考えを語る経験を積み重ねたり、ゲーム要素を取り入れた楽しめる課題で指示を正しく理解したりする活動を行い、できた、わかった、伝わったという経験を積み重ねたことで、在籍学級の学習にも前向きに取り組めるようになっていきました。

口頭指示の理解

1 児童の実態

（1）主訴など

　小学校 3 年生の女児。学習の定着が難しく、学習意欲が下がっているという主訴で 2 年生 2 学期から通級を開始しました。

（2）生育歴

　両親と兄、姉との 5 人家族。発育は順調で、始語は兄・姉と比べ、早かったという印象。人見知りはなく、来客があると自分から寄っていくような子でした。保育園では、指示を聞きとって行動しているのではなく、周りを見て動いていることが多かったようです。また、数字がなかなか覚えられず、数を使う遊びへの参加が難しい様子が見られました。

（3）学校生活

　1 年生のときから学習の理解が難しく、個別に声かけが必要でした。一度理解できた内容についても、時間が経つと忘れてしまうことが多く、入級時は本児の学習意欲が下がっていました。言いたいことが友だちにうまく伝わらず担任に訴えたり、書く際にも伝えたい内容はあるのですが、それを文に構成することが難しかったりし、本児自身苦

労している様子でした。また、書字では長音、促音などの特殊拍の習得に時間がかかりました。算数の学習は、量概念が未熟な様子がうかがえます。友だち関係は良好で、楽しくかかわることができています。

（4）諸検査の結果

2年生の1学期（8歳1ヵ月時）に実施したWISC-Ⅳ知能検査の結果は以下の通りです。

全検査IQ（FSIQ）85

言語理解指標（VCI）86　　　　　　知覚推理指標（PRI）93

ワーキングメモリー指標（WMI）76　　処理速度指標（PSI）96

絵画語い発達検査（PVT-R）（8歳1ヵ月時）では、語彙年齢（VA）8歳10ヵ月、SS 10でした。

2 LCSA の結果

2年生の2月に実施したLCSAでは以下の結果が得られました。

LCSA 指数79　　リテラシー指数74

下位検査	評価点	
Ⅰ　口頭指示の理解	4	
Ⅱ　聞き取りによる文脈の理解	9	
Ⅲ　音　読	6	リテラシー
Ⅳ　文章の読解	7	リテラシー
Ⅴ　語彙知識	8	
Ⅵ　慣用句・心的語彙	4	
Ⅶ　文表現	6	
Ⅷ　対人文脈	11	
Ⅸ　柔軟性	13	
Ⅹ　音韻意識	5	リテラシー

以上のように、「口頭指示の理解」「文表現」「慣用句・心的語彙」、リテラシー関連（音読・文章読解・音韻意識）の評価点が特に低いという結果でした。

検査時には、教示を聞いておらず、2回言う必要があることがありました。「口頭指示の理解」では、肯定文が中心の指示のなかで「黄色くないボタン」など否定形の気づきが必要な指示での誤りが目立ちました。「文表現」では、絵に描かれている状況は正

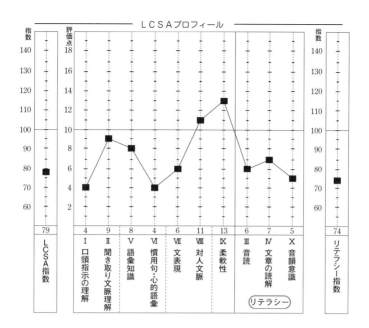

しく理解していることがうかがえる表現でしたが、受動態や使役などの表現は使わず、もっている語を駆使して答え、文法的に不自然な表現になっていました。「音読」では、助詞の読み換えが目立ちました。

3 指導方針・方法

　LCSAでは「口頭指示の理解」「文表現」「音韻意識」の評価点が特に低く、学習の定着の難しさの背景には、WISC-Ⅳの結果にも示されるようなワーキングメモリーの低さが影響した口頭指示理解の苦手さや音韻意識の低さが影響していることが推測されました。また、本児の言いたいことの伝わらなさの背景には、文表現の未熟さが影響していることが考えられました。そこで、ことばの教室では、「適切な文表現でのやりとりを通して、相手に正しく伝わった経験を積むこと」「文を聞いて理解する力を高めること」「音韻意識を高めること」の3つを長期目標とし、指導を行いました。

4 指導経過

　1年間を第Ⅰ期、第Ⅱ期の2期に分けて指導を行いました。

第Ⅰ期

指導目標	指導方法・指導内容	本児の様子・結果
体験したことを相手に分かるように話す。	指導の冒頭約10分を使い、週末や学校での出来事について、やりとりをする。話したことを絵に表すなどして、担当者の受けとりと本児の伝えたいことがずれていないか確認しながら、やりとりを進める。	言葉が足りなかったり、言葉の使い方が間違っていたりすることがあったので、質問をして内容を補ったり、正しい表現や言葉で伝え返してやりとりした。担当者が正しい表現や言葉で伝え返すと、自分から自発的に復唱してから改めて話し始めていた。
短い文を聞いて正しく理解する。	用意するもの：短い指示文（例：「待合室に行きましょう」）、宝さがしで使う物品（あらかじめ所定の場所に隠しておく） 指導手続き： ①指示文を聞いて、言われた指示通りに動いて、宝探しをする。 ②徐々に指示文を複雑にし、長くしていく。	「○○に行く」などの簡単な指示はすぐに理解できたが、「○○の手前」「△△のうら」「右から数えて２番目の棚」のような位置関係の語彙が含まれる指示文は、すぐに理解することが難しいことがあった。そのため、第Ⅱ期には位置関係を表す語彙を取り上げて指導することにした。
音韻意識を高める。	用意するもの：課題で用いる語のリスト、すごろく、さいころ 指導手続き：逆唱課題、音韻分解課題 ①逆唱して元の言葉を当てる指導者「つぴんえ」➡子供「えんぴつ」 ②すごろくの目を絵カードにして音の数だけ進む。最初は特殊拍を含まない語のみで行う（図8参照）。 ③慣れてきたら特殊拍を含む語（ロボット、キャベツなど）を取り入れる。拍数を指定し（３文字の言葉など）、語を想起することも行った。	言葉の逆唱課題は２文字の言葉から練習を開始した。はじめは、答えるまでに時間がかかったり、文字が入れ替わったりすることがあった。３文字は８〜９割正しくできるようになった。音韻分解課題では、特殊拍の取り組み始めには迷うことがあったが、繰り返し行うなかで定着していった。机上で駒を動かすだけでなく、プレイルームで自分が駒になって進む形式で行うことで楽しみながら取り組むことができた。 **図8　絵カードを使ったサイコロ** 立方体に絵カードを貼り付け、サイコロにする。クリアファイルを切って、ポケット状にしてつけると、カードを入れ替えて繰り返し使える。

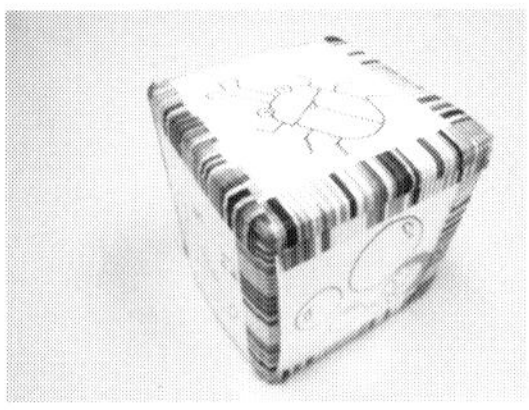

第Ⅱ期

指導目標	指導方法・指導内容	本児の様子・結果
自分の考えを整理して文章に表す。	用意するもの：転記用のカード 指導手続き： ①1つのテーマについて話をしてもらい、1文ずつカードに指導者が転記する。 ②伝わりやすい順序を考えて、カードを並び替える。 ③文法の誤りを修正したり、言葉を付け足したりして、作文を完成させる。（図9参照）	一文ずつ組み合わせて文章を構成していくことで、「この前に『それで』を足す」「○○のことも付け足す」など、担当者が促さなくても本児からより伝わりやすい文章にしようと、読み返して推敲する様子が見られるようになった。
位置関係の語彙が含まれる文を正しく理解する。	用意するもの：ミニチュア（シルバニアファミリーの家、家具、人形など） 指導手続き： 方法1）指導者はミニチュアを置く場所を口頭で指示し、子供は指示通りの場所に置く。（図10、11参照） 方法2）子供（あるいは指導者）は相手が見ていない間にミニチュアを部屋のどこかに隠す。捜す側は相手に質問し、問われた側は場所のヒントを出す。お互いに質問し合ってミニチュアがどこに置いてあるか当てる。	最初はミニチュアを「テーブルの上」「いすの下」「本と花びんの間」など具体物を使って行い、概ね正しく理解できるようになった。少しずつ具体物を減らして、空間的な位置関係を捉える必要がある指示にしていった。現在もまだ混乱することがある。
音韻意識を高める。	逆唱課題、音韻分解課題、音韻抽出課題を行う。 （例：言葉の逆唱をする、しりとりをしながら音の数だけすごろく形式で進む）	言葉の逆唱課題は第Ⅰ期に行った逆唱して元の言葉を当てる形式では、5文字程度まで取り組むことができるようになった。しかし、「えんぴつ」➡「つぴんえ」という課題にすると、逆唱では3文字が最高拍数だった。

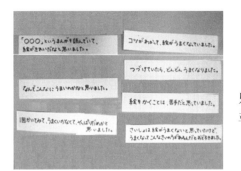 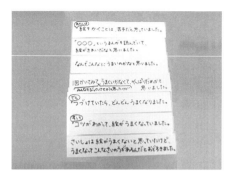

図9 テーマに沿って思いついたことを書いたカード（左）とそれらの並び替え（右）

児童が話したことを転記する。　　　　　　　　　　　声に出して読み、推敲して、言葉を付け足したり、表現を修正したりする。

 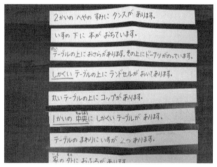

図10 位置関係を表す言葉の理解にかかわる指導で用いたミニチュア

活動の流れ
①教員が指示文を口頭で伝える。
②児童は指示通りにミニチュアを置く。
③指示文カードを見て、正しくできているか確認する。
④違っていた場合は、児童に修正させる。
（慣れてきたら、児童に指示文を書かせ、教員に指示を出す学習も加えた）

図11 指示文カードの例

指示文は紙に書いて用意しておいた（指示文の例「２かいのへやのすみにタンスがあります。」「いすの下に本がおちています。」「しかくいテーブルの上にランドセルがおいてあります。」）。指示を出すときには口頭のみで伝え、指示通りにできていたか確認をするときに使用した。指示と同じかどうかを児童自身に確認させることで、違っていた場合は教員が訂正するのではなく、自己修正できるようにした。

「正しい文表現でのやりとりを通して、相手に正しく伝わった経験を積むこと」をねらった指導では、本児が伝えたい、話したいという思いの強い話題を取り上げて、やりとりを楽しめるように工夫しました。指導開始時は、文法の誤りを指摘してもピンとこない様子でしたが、伝わり方が変わってしまうことを動作化したり、図示化したりしながら伝えることを重ねていったことで、本児自身で文章を推敲しようとすることも見られるようになってきました。気に入った文章ができあがると、他の教員に見せにいくこ

ともありました。

「文を聞いて理解する力を高めること」を目標とした指導では、聞いて理解することと合わせて、本児からも担当者に指示を出させるようにして、実際に指示文で使った表現を使ってみることも大切にして指導を行いました。

「音韻意識を高めること」を目標とした指導では、繰り返して練習を続けるなかで、担当者が言った音を復唱するなど自分で工夫しながら取り組むようになりました。また、苦手な音韻操作課題を楽しめるようになりました。

5 指導経過のまとめ

通級指導の場面では、相手に言いたいことが伝わったという実感を積み重ねることができたことで、文章を考えたり人前で発表したりすることに以前よりも意欲的に取り組めるようになりました。しかし、文章を考えることと文字に書くことを同時に行うことは、負荷が大きく疲れてしまうため、現在は口頭作文で取り組んでいます。また、聞いて理解することに関しては、個別では理解できる量や語彙、文表現が増えるとともに、一度で分からなかったときは「もう一度言ってほしい」「○○はどういうこと？」などと尋ねることもできるようになりました。在籍学級の授業の場面では、体育のボールゲームの場面で仲間の指示にすぐに反応できず戸惑っていたり、一度では担任の指示が把握できず周囲の様子を見てから動いていたりする様子が、まだ見られることがあります。

在籍学級の学習については、以前は分からないと思うと授業に参加することを自分であきらめてしまっていた本児ですが、「今は○○を頑張っている」「自分だけ分からなくて遅れるのは嫌」と話したり、通級に来た際に現在学習している内容について担当者に披露したりするなど、意欲的に取り組む姿が多く見られるようになりました。自分なりに学習方法を工夫することもできるようになってきています。

聞き取りによる文脈の理解

1 聞き取りによる文脈の理解に困難がある児童とは

聞き取りによる文脈の理解に課題がある児童のプロフィールを以下に示します。

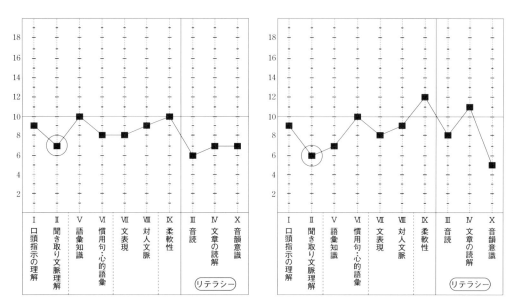

「聞き取りによる文脈の理解」下位検査の評価点が低いプロフィールの例

文脈のある話を聞いて理解する力が十分に育っていない場合、以下のような特徴を示すことがあります。

- ▶ 筋の通った分かりやすい話しになりにくい。
- ▶ 説明されたことがよく理解できない。
- ▶ 文章を読んでも、内容が把握できていないことがある。

2 さまざまな手立てで聞き取る力を高める

指導のやりとりの例

◆あらかじめ聞き取るポイントを示したうえで語り聞かせる

「これから砂漠についての話をします。どんな人たちが出てきて、どんな工夫をして生活するのかをよく聞いてください。」

◆聞いた話の内容を図式化して振り返る

「今の話に出てきた登場人物や、それぞれの関係について図で書き表してみましょう。」

◆興味のあるテーマの文章の読み聞かせの後に、話し合う

「どうしてこの男の子は急いでいたのでしょうか？」

「先生も晩ご飯を作ろうと思っているときは、買い物の途中で友だちと出会っても、早く帰らなければともって、早口になってしまいます。あなたはどういうときに、急がなきゃ、と思いますか？」

◆話の区切りのときにメモを取る

「今日の宿題を言うので、ノートに書いておいてください。」

「これからお話を聞いてもらいます。私が話し終わったら、だれが出てきたのかを書いておいてください。」

解 説

「聞き取りによる文脈の理解」は、いくつもの文が連なった文章を聞いて理解する力を評価します。相手の発話に注意を向けることや、聴覚的ワーキングメモリー、語彙知識、文法的能力が必要である点は、先の「口頭指示の理解」と共通します。しかし、このほかに、すでに聞き終えた文を参照しながら、「この」「それ」といった指示語を含めて文同士を相互に関連づけて理解し、文章全体としての内容を把握することが求められます。LCSA では、「説明文の理解」と「物語文の理解」の課題が用意されており、内容の細部を理解し、記憶していることはどちらにおいても大切です。しかし、「説明文の理解」では、事実関係を論理的に理解することに比重が置かれるのに対し、「物語文の理解」では登場人物の意図や心情も描かれ、明確には述べられていない内容について

も、「行間を読む」ようにして文脈から埋め合わせていく推論がさらに求められます。

なお、ここに挙げる指導方略は、後述するリテラシー領域の「文章の読解」にも関連します。文章の読解に苦手さのある児童への対応にあたっては、本節も参考にしてください。

（1）文章の長さやあらかじめ提示する手がかりを調節して理解する力を高めていく

文章の聞き取りが苦手な子供には、短めの文章を用意します。時間、場所、人・物、理由、行為、方法などのいわゆる５Ｗ１Ｈの入っている文章を聞かせたうえで、「いつ」「どこで」「だれが」「なにを」「なぜ」「どうした」などのキーワードを使って、文章を思い出してもらいます。難しい場合は、あらかじめ尋ねる内容を提示しておいてから、語り聞かせてもよいでしょう。

このほかにも、出てくる内容のいくつかをキーワードとして文字に書いて提示しておき、記憶や情報処理の負荷を減らして文章を聞かせるという方法も考えられます。例えば、貿易に関する説明文であれば、「今日は国と国が品物のやりとりをする話をします。畑でとれるものには『大豆』と『とうもろこし』が出てきます。工場に関係するものには『プラスチック』が出てきます。話を聞いた後で、このカードに書いてある『大豆、とうもろこし、プラスチック』という言葉を使って、どんな内容だったか話してみてください」といった活動です。指導者が読み上げた文章を子供と一緒に見ながら、内容を確認していきます。

（2）文章の聞き取りに視覚的情報を活用する

聴覚的な情報処理の苦手さや、ワーキングメモリーに制約がある子供では、理解の支えとして、視覚的なルートを使うことが有効です。視覚的な支えには、話題としていることがらにかかわる物品や、写真、絵図版、文字で書いたキーワードの提示があります。また、話を聞かせた後には、線画や棒人間などの簡単なイラストによる図式化や、文字による要点の書き起こしがあります。具体的な使い方には以下のような方法が考えられますが、すべてを使うのではなく、必要に応じて選んで用います。

話を聞かせる前に：

・あらかじめテーマや言及される事物についての実物・写真・絵・図などを提示しておく。

話を聞かせながら：

・指導者が簡単な図を描いたり、キーワードを書いたりしながら話す。

話を聞かせた後に：

・視覚的な情報を参照しながら、聞き取った内容について子供に語ってもらう。

・聞き取った内容について話し合いながら理解を確認し、簡単な線画や文字で流れを指導者が書き出していく。

・視覚的な提示をもとに、話の内容を再生してもらい、十分理解できていない場合は、再度語り聞かせて理解を深める。

（3）ストーリー性のある文章を聞いて理解する

　物語のような長い文章を聞くことを負担に感じる子供もいます。いくつかの点に配慮して、子供に合った聞き取りの活動を設定します。

1）**子供が関心をもち、幼すぎない内容の文章を選ぶ**：子供が関心をもつ内容のストーリーを選んで読み聞かせます。なお、やさしい文章が良いということは、必ずしも幼児向けの絵本や紙芝居を選択するということではありません。文章や内容が平易であっても、テーマが幼くなり過ぎないように注意しましょう。

2）**質問の仕方を工夫する**：読み聞かせた後に内容について尋ねますが、質問攻めにしてストーリーの楽しみを損なわないように配慮することも重要です。ストーリーの楽しさをなるべく損ねないように、尋ねる内容はあらかじめカードに書いて伏せておき、読み聞かせた後にカードを表にして、「一緒に考えてみよう」という流れにするほうが自然な内容の振り返りになります。

3）**話し合いを通して理解を深める**：個別指導や小集団活動においては、国語の一斉授業では出てこないような表現や浮かばないような考えを子供から引き出していきます。説明文では事実関係が中心なので、問いに対して「正解」が求められる傾向があります。一方、物語文にはひとつの出来事に対してそれぞれの登場人物が違う思いを抱いていたり、出来事の前後が明確に書かれておらず、聞き手・読み手の想像に委ねられている部分があったりします。子供と一緒に、出来事の流れやそのきっかけ、展開を理解し、「なぜそうなったのか」「このあとどうなると思うか」「自分だったらそうするか」などを話し合ってみましょう。物語を避ける子供では、登場人物の意図や感情といった内面を洞察することの苦手さが背景となっていることがあります。場面ごとに登場人物の気持ちなどを話し合ってみましょう。

４）指導者の感想を聞かせる：感想を求めると同じパターンの回答になりがちです。子供に答えを求めるだけではなく、指導者がどう思うかをモデルとして聞かせ、感想にも多様な表現があることを例示していくことで、子供の表現の幅を広げていきましょう。

（4）話を聞いてメモを取ることや復唱することを学ぶ

　学年が上がり、文字を書くことに慣れてくると、聞いて理解したことを忘れないようにしたり、内容を整理したりするためにメモを取ることが文章理解の方略のひとつになっていきます。以下のような点に配慮した指導が考えられます。

　　・メモは、文の形ではなく、キーワードを書くだけでよい。
　　・「場所」「時間」「持ち物」など、集中すべきポイントを決めておく。
　　・メモにもとづいて聞いた話をほかの人に伝えてみる。

　なお、メモを取っていると耳からの情報に集中できなくなるため、文章の読み手は、話の区切れ目など内容がひと段落したところで子どもに書く時間を少し与えます。子供には「メモを取るのでゆっくり話してもらえますか」などと協力を求めるコミュニケーションスキルも求められます。必要に応じて、そのような依頼表現も教えていきましょう。

　このほかに、相手の話がひと段落したところで、聞いた言葉や指示を復唱するよう心がけるということもメタ言語的な方略です。

③ 語彙知識や読解力の向上も交えて聞き取る力を高める『統合的アプローチ』

指導のやりとりの例

◆**文章を聞く前に語彙になじんでおく**

「これから聞くお話のなかに『親しみやすい』という言葉が出てきます。どういう意味だと思いますか？」

◆**文脈の理解を確認し、必要に応じて繰り返し文章を聞かせる**

「今のお話のなかに何人の人が出てきたでしょうか？」

「いつの出来事だったのでしょうか。ではもう一度読んでみますね。」

◆**子供が文章を自分で読んで理解を深める**

「今度は、自分が声に出して読んでみてください。」

解説

　聞き手にとってはじめて聞く言葉であっても、文の前後関係から意味が推測できることがあります。同時に、語の意味が分かることによって、文や文章全体の意味が分かってくることもあります。このように、語彙と文、文章は相互に理解を支え合う関係にあります。したがって、語の定義だけを覚えるよりも、何らかの文脈のなかで学ぶ方が効率的です。また、文章からは文法的な形式や論理的な表現、大意の理解の仕方などについても学ぶことができます。そこで、文章を用いると、次のような語彙や文脈理解の指導を合わせた統合的な指導を行うことができます。

ステップ① 文章に出てくる語を学ぶ：

　子供が関心をもちそうな内容のひとつかふたつの段落から成る短い文章を用意します。文章に出てくる言葉のなかで、なじみが薄いと思われる語彙をあらかじめ書き出し、語の意味について話し合い、同意語・反意語を考えたり定義づけしたりします（メタ言語的指導）。

ステップ② 文章を聞いて理解する：

　指導者が読み上げる文章を聞いてもらいます。そのあとで指導者は「だれが出てきましたか？」「場所はどこですか？」「どうなりましたか？」「どうしてそうなりま

したか？」など、質問をします。ストーリーを楽しむことが大事なので、間違えたり、分からなかったりしても深入りしません。

ステップ③ もう一度文章を聞いて理解を深める：

②で答えた内容が正しかったかどうかを確認したり、十分に分からなかった内容について理解を深めたりします（必要に応じて②と③を繰り返す）。先ほどよりも理解が進んだことをほめてあげます。

ステップ④ 文字で書かれた文章を読んで確認し、さらに理解を深める：

文章の聞き取りにとどまらず、文字で書かれた文章の音読などを通して、自分自身で内容を確認したり、さらに理解を深めたりします。達成感をもって活動を終えるようにしましょう。

上の活動は指導者が物語を読み上げる聞き取りを中心にしていますが、文字で書かれた文章を読んで理解する読解を中心とした指導手続きも提唱されています。例えば、Gillam らの指導では、あらかじめ本を選んでおき、ストーリーの文脈を活用して語彙や文法、文章理解など言語のさまざまな側面を学ぶ、以下のような活動を行います（Gillam, Gillam, & Reece, 2012）。

① **タイトルを紹介する**：本のタイトルを読んで内容を予想し合う。

② **語を下調べする**：なじみが薄いと思われる語彙を書き出し、語の意味について話し合い、同意語・反意語を考えたり定義づけしたりする。

③ **ストーリーを楽しむ**：ストーリーを聞き、要所ごとに止まって言葉を交わしたり、場面ごとに内容をまとめたりする。

④ **ストーリー全体を振り返る**：登場人物、設定、はじめ、出来事、結末などを振り返り、質問に答える。

⑤ **ストーリーの理解を深める**：推論する、物語の展開について問題解決する。

⑥ **他のストーリーと比較する**：登場人物やその行動について別の本の内容と比較する。

⑦ **パラレルストーリーを作る**：読んだ物語にもとづいて、登場人物などが異なる「パラレルストーリー」を作り、物語の理解を自作の物語へと発展させる。

この過程における子供と指導者とのやりとりのなかで、指導者は子供の発話に対してリキャスト（子供の発話の一部を変えてより適切な形に発展させる応答：69ページ参照）に

よる言語的フィードバックを与えていきます。また、次のように、子供の断片的な発話をひとつの文にまとめて例示する「垂直構造化（vertical structure）」も表現の高次化に導くフィードバックです。

　　　指導者「これはだれ？」→ 子供「ゆうびんやさん。」

　　　　→　指導者「ゆうびんやさんは何に乗っているのかな？」→ 子供「自転車。」

　　➡　指導者「**ゆうびんやさんが自転車に乗っているんだね。**」

　このほかにも、子供が習得していない特定の語彙を繰り返し聞かせる「焦点化刺激（focused stimulation）」を与えます。例えば、『配達』という言葉の使用が見られない場合、「手紙を配達していたんですね」「だれのところに配達に行くのかな」「森のなかまで配達に出かけるのですね」などと繰り返し聞かせます。

聞き取りによる文脈の理解

事例報告 2

文の聞き取りが苦手で、会話が成立しにくい児童への聴覚的理解、関連語の想起の向上を目指した指導

■ 児童の実態と指導方法の概要

「会話において相手の質問から逸れた応答になる」「口頭で説明された内容の理解が難しい」などを主訴とする小学2年生の男児。〈短い文や複数の段落から成る文章を聞いて内容を理解することを目指した活動〉と、〈関連する内容の語を想起することを目指す活動〉など、複数の課題をまとめて取り組む『文章の読み聞かせを中心とした統合的な方法』を行いました。

読み聞かせ教材として、道徳の副読本を用いました。文レベルから開始した課題は数段落から成る文章の理解へと展開しました。想起できる語の数も増え、2年間の指導期間後には言語力全般の向上がみられ、話の内容を理解し質問内容に沿った適切な応答ができる、本児からの話がわかりやすくなるなど、さまざまな成果を得ることができました。

1 児童の実態

（1）主訴など

言語発達の遅れで、1年生の3学期に通級を開始しました。言語面では、たくさん話すわりに、内容がわかりにくい（的を射た説明が苦手）、知っている言葉が少なく身振り手振りで話をしがちになる、言葉の意味や使い方が適切でないといった表現面の課題や、担当者の質問の意図が伝わりにくく会話がずれていく、担当者が尋ねたことに応えようとするが自分の言った言葉に影響されて、本来の主旨と異なる話に進みがちになるといった会話のやりとりにかかわる課題、拾い読みや飛ばし読みといった文章の音読にかかわる困難がみられました。

（2）生育歴

両親と姉、本児の4人家族。喃語を言った時期はなく、初めて意味のある言葉（「マンマ」「バイバイ」「ワンワン」など）を言ったのは2歳5ヵ月頃、2語文が言えるようになったのは2歳11ヵ月頃でした。3歳頃から両親は本児の発語の少なさを心配し始め、また、発音の誤りもあったため、3歳10ヵ月頃から当教室へ入級する直前まで療育機関

や医療機関で構音改善のトレーニングを受けました。発音の誤りは改善されましたが、言語発達の遅れは残りました。

　本児は明るい性格で、話すことが好きです。特に母親とは友だちのように気さくなかかわり方で会話は多いですが、母親は本児の言っていることや伝えたいことが分かりにくいと言います。一方でゲームも大好きで、ひとりでいるときはゲームをして過ごし、日曜日は父親も加わり、深夜に及ぶときもあります。そのため月曜日には寝不足の状態で通級したり、登校したりするときもありました。家族で出かけるとき以外は、ほとんど家でゲームをして過ごす生活です。

（3）学校生活

　大きく明るい声で挨拶ができ学級には溶け込んでいますが、本児が本当に仲良しと思える友だちはいません。本児が不快に感じる言動を取る子供も何人かいます。また、友だちと遊ぶ際は、言葉の理解の食い違いからいざこざが生じることもあります。在籍学級の担任は、本児が言っていることがわかりにくく、時には質問したことと正対していないこともあると話します。学習面では、算数の計算問題は概ね解答できますが、文章問題やその他の教科では学習内容の定着が不十分です。

（4）諸検査の結果

　1年生の3学期（6歳10ヵ月時）に実施したWISC-Ⅳの結果は以下の通りです。

　　　　　全検査IQ（FSIQ）95

　　　　　言語理解指標（VCI）113　　　　　知覚推理指標（PRI）104

　　　　　ワーキングメモリー指標（WMI）79　　　　処理速度指標（PSI）78

2 LCSA の結果

2年生の1学期に実施したLCSAでは以下の結果が得られました。

LCSA指数75　　リテラシー指数66

下位検査	評価点	
Ⅰ　口頭指示の理解	11	
Ⅱ　聞き取りによる文脈の理解	6	
Ⅲ　音　読	4	リテラシー
Ⅳ　文章の読解	6	リテラシー
Ⅴ　語彙知識	6	
Ⅵ　慣用句・心的語彙	5	
Ⅶ　文表現	9	
Ⅷ　対人文脈	7	
Ⅸ　柔軟性	9	
Ⅹ　音韻意識	4	リテラシー

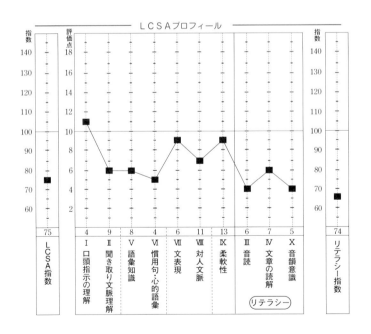

下位検査の成績から読み取れる課題と、本児の日常・学習場面での様子とを照らし合わせると、以下のようにまとめることができます。

下位検査	検査結果から読み取れる課題	日常・学習場面での実態
聞き取りによる文脈理解	・説明文の理解はよいが、物語文は苦手。 ・登場人物の心情、前後の文脈、行間を読むのが苦手。	・話者の意図をくみ取って質問を理解することが難しい。 ・文章を聞かせて質問すると、自分が気になるところに注意が向いてしまい、その前後の内容が抜け落ちる。
語彙知識 慣用句・ 心的語彙	・学年相応の基本的な語彙が十分でない。 ・特に気持ちを表す語彙は少ない。 ・語想起も苦手。 ・大雑把な意味はわかっていても、言葉同士の意味的なつながりは十分理解していない。	・冬から連想できる言葉は、「雪」だけで、「クリスマス」「お正月」など語彙としては知っているが、上位概念で結びついていない。 ・説明では言葉が出ず、身振り手振りが多くなる。
対人文脈	・相手に応じた表現ができない（敬語、丁寧語）。 ・相手が伝えようとしている意図を理解できない。	・担当者の質問の意図が理解できず、話が伝わりにくい。 ・場の状況判断ができずに勝手な言動を取る。
文章の読解 音読 音韻意識	・音韻意識はワーキングメモリー（WISC-Ⅳ）の弱さと関連している。 ・音韻意識が低く、音読も苦手。	・音読が一音ずつの拾い読み、飛ばし読みが多い。 ・しりとり遊びはすぐに行き詰まる。

WISC-Ⅳの言語理解指標とLCSA指数との差について

　WISC-Ⅳの言語理解指標（VCI）が113と「平均の上」であるのに対し、LCSA指数が75と低くなっています。両者の差には、知能検査と言語検査との性質の違いが反映しています。WISC-Ⅳの下位検査「類似」「単語」「理解」から求められる言語理解指標は、言語推理、言語概念形成、社会的知識を測定するものであり、言語に関しては限定的な評価になります。一方、LCSAは言語理解や言語表現により焦点化した検査であり、言語力を多岐に渡って評価します。本児は、実際の生活のなかでは言語を十分使いこなせていませんが、生活経験の豊かさからくる知識を反映してWISC知能検査では正答できる問題が多かったと考えられます。

3 指導方針・方法 ....

　LCSA の結果で評価点10を超えているのは、「口頭指示の理解」だけで、その他の下位検査はすべて平均値を下回っています。言語能力全体の弱さが相互に関連して、本児の実態として現れています。そのため、限られた通級の回数と時間のなかで本児の多岐にわたる言語力全般を高めるには、課題一つひとつを取り上げていくよりも、効率性や本児の集中力の持続という点でさまざまな領域の課題をまとめて行った方がよいだろうと考えました。より具体的な背景としては、遠方から通級してくるため当教室での指導時間が短くなる、本児の集中力が持続しにくい、多岐にわたる課題などを背景に３つの方針をまとめて取り組める方法はないかと考えたことと、また、もともと聞く姿勢はもち、単純なものは聞いて答えることができる（LCSA では「口頭指示の理解」が高い）という本児の長所を活かしたいと考えたことがあります。

　指導目標と指導方法を以下のように設定しました。

指導目標

　① 言葉の意味や使い方を理解し、話や説明に活かすことができる。

　② 話者の意図や文章の内容を理解することができる。

　③ 音韻意識を高め、スムーズな音読ができる。

指導方法：「文章の読み聞かせを中心とした統合的な方法」

　この方法は、該当学年を中心とした道徳の副読本を読み聞かせ教材とし、文章や話の内容のなかに本児の課題改善（内容理解、心情理解、語彙・慣用句の意味や使い方、音読、音韻意識など）を盛り込んだ設定をするものであり、課題改善に向けた学習をまとめて効率よく行う指導方法です。

　LCSA の結果、本児は物語文の理解（行間を読む、文脈を読む、登場人物の心情を理解するなど）に弱さがあること、副読本には適度に登場人物が入り組み課題設定しやすい内容になっていること、話題がその都度完結すること、児童にとって身近な内容が多いことなどの理由から、教材に道徳の副読本を利用しました。

第3章　LCSA にもとづく指導の実際　　65

4　指導経過

　文章の読み聞かせといった基本スタイルのなかに、LCSA の下位検査項目に準じて以下の指導内容を加えていきました。

指導目標 （対応する下位検査）	指導方法・指導内容	本児の様子・結果
言葉の意味や使い方を理解し、話や説明に活かす。 （語彙知識／慣用句・心的語彙）	用意するもの：読み聞かせ用の文章、指導対象となる語彙のカード 指導手続き： ①読み聞かせる本文のなかから、本児に確認させたい語句（毎回３語）を記入した語彙カードを提示する。 ②それぞれの語句について、意味や使い方を確認したり、例文を作ったりする。 ［語彙カード：「はらの虫がおさまらない」「しばらく」「見つめる」］	文脈のなかで意味や使い方を確認したり、覚えたりすることができた。 １年前と同じ質問（冬に関係ある言葉は？）をしたところ、以前は雪や雪がつく言葉だけだったが、視点が広がり「こたつ」「もち」「クリスマス」などの語を挙げられるようになった。 同じ絵の説明では、これまで絵を断片的に捉えがちであったが、全体を見て自分なりに内容を考え、語ることができるようになった。
話者の意図や文章の内容を理解する。 （聞き取りによる文脈の理解／対人文脈／文章読解）	用意するもの：質問カード 指導手続き：読み聞かせの後、内容についてねらいに沿った質問をする。 ①読み聞かせ１回目 「質問の視点」として以下を設定した。 ・事実に関すること（５Ｗ１Ｈの視点で） ・事実に対する理由 ・推論する必要のあること （本文では直接提示されていないこと） ・登場人物の心情に関すること ②読み聞かせ２回目 １回目で答えられなかった質問は、あらかじめ作成しておいた質問カードを提示してから読み聞かせを行い、答えさせる。 ＊２回目で答えられなかった場合、３回目からは文章を見せながら読み聞かせを行う。	会話では担当者の話をよく聞き、話題に沿った話ができるようになった。 読み聞かせの回数が以前は５～６回必要だったが、現在は１～２回で内容を聞き取ることができるようになった。 特に推論に関する質問では、文脈に沿った答えが出せるようになった。
音韻意識を高め、スムーズな音読ができる。	指導手続き： ①音韻意識については、読み聞かせた文章のなかからいくつか語句を選び、以下の	６文字程度の言葉遊び（逆唱、置換など）ができるようになった。

［欄外：聞き取りによる文脈の理解］

（音韻意識／音読）	ような課題を行う。 ・「さかさま言葉」（語句を逆から言う） ・「音当てクイズ」（〇番目の拍の音を答える） ・特定の音を抜いて言う ・〇番目の拍の音を抜いて言う ・特定の拍の音を他の音に置き換えて言う ②音読に対しては、読み聞かせで使用した文章を使用して、単語や文節で短く区切って（／）を入れ、言葉をまとまりで捉えさせながら音読を行う。そのまとまりを徐々に長くしていく。	入級当初と比べると、しりとりが続くようになった。音韻意識が高まるにつれて、言葉をまとまりで捉えて音読できるようになった。

5　指導経過のまとめ

　1年半後に再度LCSAで評価を行った結果、LCSA指数が28ポイント上昇、リテラシー指数が32ポイント上昇のほか、口頭指示理解、対人文脈を除くすべての下位検査で評価点の上昇が認められました。

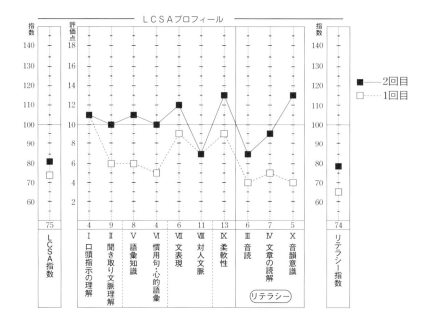

　指導の回数を重ねるにつれて児童の変容が感じられるようになりました。児童が毎回読み聞かせを楽しみにして意欲的に取り組み、1回目で答えられたときの笑顔も次第に増えてきました。指導者もその変容に合わせて内容をレベルアップさせていくことで成果の実感を重ねてきました。これらの点から、この指導方法は指導する側と指導を受ける側双方にとってメリットのある方法でした。また、その前提にあったのがLCSAか

らのアセスメント情報です。それにより児童の支援ニーズを細かく捉えることでき、ニーズに応じた効果的な指導方法につながり、改善成果を得ることができたと考えます。

　児童自身も、「友だちの言いたいことが分かるようになった」「自分の話すことが友だちに分かってもらえるようになった」と変化が実感できました。保護者は、「こちらの話が通じやすくなった」「本人の話が分かりやすくなった」「以前は会話では人に思ったことを伝えられず、自分が楽しく話しているだけだったが、今は会話が噛み合い、分かりやすくなった」「音読がスムーズになった」などという感想をもち、在籍学級担任は、「本児の話が分かりやすくなった」「担任の話が通じやすくなった」「読解のテストでは余分なところまで書き込んだり、自分の言葉に置き換えたりしてしまいがちだが、4月から比べると、かなりできるようになってきている」「普段話すなかで使える言葉の数はかなり増えている」などと、やはり変化を実感できる感想がありました。

　この方法のメリットをまとめると次のようになります。

児童にとって

・「読み聞かせ」というスタイルが親しみやすい。

・該当学年中心の道徳副読本を使用したことで、内容が身近で親しみやすいものとなる。

・ひとつの教材を軸に複数の課題にまとめることで、集中力が持続できる。

・文章中から語句を取り上げることで、意味理解が文脈理解に活きる。

・「よし、1回で答えよう」と、児童のなかで目標が生まれ、意欲的に取り組める。

指導する側にとって

・毎回一定の流れのなかで指導することで、児童の変化を把握しやすい。

・複数の課題を効率よく、効果的に指導できる。

・文章中には言語に関するさまざまな要素が入っているので、統合的にアプローチしやすい。

・道徳の副読本は適度に登場人物が入り組み、必ず何かが起こる（話題提供がされる）ので教材にしやすい。また、心情の変化を理解させたり、推測させたりするには適した教材になる。

　一連の指導を通して、学習意欲・態度・姿勢、興味・関心、注意集中力なども改善向上するという2次的な成果も得ることができました。また、これにより言語にかかわる全体のネットワークも広げることができました。

文表現

1 文表現に困難がある児童とは

文表現に課題がある児童のプロフィールの例を以下に示します。

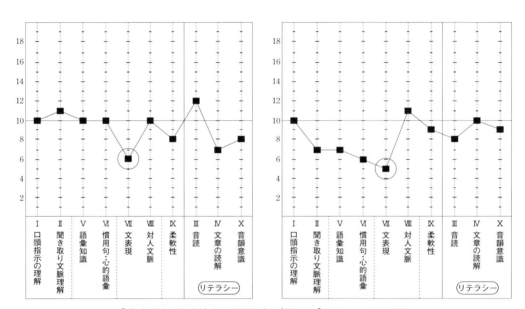

「文表現」下位検査の評価点が低いプロフィールの例

文表現の力が十分に育っていない場合、以下のような特徴を示すことがあります。

▶ 話すときには、短い文で、内容の乏しい発話になる。

▶ 話すことには意欲的だが、思いついたまま話すため伝わりにくい。

▶ 話すときや作文で、助詞や動詞の語尾の誤りが見られる（「お母さんに読んでもらった」→「お母さんに読んだ」）。

▶ 作文を書くと型にはまった文になったり、文脈がつながらなかったりする。

2 会話のやりとりを通して表現する力を高める

指導のやりとりの例

◆子供の不十分な発話にリキャストで応じる

　　子供「椅子のところあった。」➡指導者「椅子の<u>下</u>にあったの。」

◆子供の発話を拡張しながら応じる

　　子供「見て、折り紙。」➡指導者「折り紙で作った…」➡子供「カブトムシ」

　　➡指導者「そうか、折り紙で作ったカブトムシだね。」

解 説

　日常的な会話場面を子供の表現力向上の機会とするには、子供の発話に対してさまざまなフィードバックを意図的に与えていく必要があります。会話を維持する基本的な方法は、相手の発話を繰り返す**模倣**です。子供の「公園行った」という発話に対して、「公園行ったんだ」と応じるような模倣は、自分の発話が相手に伝わったという実感を与えます。助詞が省略されている「公園行った」に対して、「公園<u>に</u>行ったんだ」と修正を加えたより適切なモデルの提示を**リキャスト**（re：再び＋cast：鋳型にはめる）と呼びます。リキャストでは、「ボールをぶつかった」に対して「ボール<u>が</u>ぶつかったんだね」と応じるような文法的な誤りや、「ボールが顔にバシッて」に「ボールが顔に<u>ぶつかったの</u>」のように、子供の発話の一部を模倣しながら修正を加えて聞かせます。

　子供の発話を受けて、さらに情報を付加して応じる**拡張模倣**はリキャストの一種であり、より複雑な文型でフィードバックします。「公園で遊んだ」に対して、「公園で友だちと遊んだのですね」や「土曜日に公園で遊んだのですね」のように、より詳しい情報を加えて文を例示します。

　模倣・リキャスト・拡張模倣は、いずれも ①自分の発話が聞き手に受け止められたという安心感を与える、②自分の発話に一貫性のある応答が返ってくるため、相手の発話の意味がよく理解できる、③自分の発話の直後にフィードバックが与えられるので、自分の発話と対比しやすい、④自分の発話よりも複雑な高次のモデルが提示される、といった言語学習における利点があります。また、いずれも子供の口頭表現自体をほめることを基本としています。このようなかかわりかたを家庭でも実践してもらいましょう。

なお、子供から発話を引き出すには、唐突に質問するのではなく、自然な会話文脈が必要です。子供の興味・関心に沿った話題を心がけたり、ゲームなどの活動を通した会話場面を設けたりします。

3 説明する力を高める

指導のやりとりの例

◆やりとりを通して子供の説明表現を巧緻化する

指導者「ポストはどういうふうに役に立ちますか？」➡子供「手紙を出す。」

➡指導者「手紙を入れると、郵便屋さんが……（穴埋め質問）」

➡子供「手紙を入れると、郵便屋さんがとどけてくれる。」

◆「ひらめきマップ」をもとに説明する

「『春』から連想する言葉を書いてみましょう。」「これを見ながら、春とはどういう季節かを説明してみてください。」

◆手続きについて順序立てて説明する

「ホットケーキをお店のメニューにしたいと思います。どうやっておいしいホットケーキを作るか考えてみましょう。」

解説

以下のような多様な活動を通して、説明を豊富に経験してもらいます。

（1）自分の考えや判断の根拠を言葉で表現する

「電車とバスはどこが似ていて、どのように違いますか？」という質問に答える場合のように、2つの言葉の意味の類似点や相違点を述べることも説明です。生活経験のなかで得た知識や、言葉で表現するための語彙知識、文法的な構成力をもっていることが前提となり、それらに加えて、類似点や相違点を見出す思考力が求められます。

要領を得ない応答が子供から返ってきた場合には、「どこを走りますか？」といった追質問や、「電車には駅で、バスは……」といった穴埋め形式の発話、表現のモデル提示などを通して適切な表現に導きます。

このほかにも、「まちがい探し」で見つけた間違いを言葉で説明したり、2枚の絵を

見比べて相違点を述べたり、「『はさみ』がなかったら私たちはどのように困りますか？」と物の機能について説明したりする活動が考えられます。

（2）「ひらめきマップ」で図式化したうえで説明する

「動物」という語は「犬」「ねこ」の**上位概念**です。また、「犬」には「柴犬」「シェパード」「チワワ」などがおり、これらは「犬」の**下位概念**です。このような語彙の関係性を図12のように図式化できます。本書では、意味の関連を考えながら言葉を線でつなげていく図式を「ひらめきマップ」と呼ぶことにします。上位概念や下位概念は、言葉のタワーのような階層性を示します。このひらめきマップから、「どんなもの？」の説明につなげていくことができます。図8からは、「犬やねこは動物の仲間で、犬には柴犬やリトリバー、チワワなどの種類があります」と説明できます。一方、「犬」を中心として、犬の特徴を四方に書き加えていく形のひらめきマップを作ることもできます（図13）。この図からは、「犬にはしっぽがあり、しっぽを振ってうれしい気持ちを表します」や「犬はほえて、危険を知らせてくれます」といった犬についての説明ができます。説明表現は内容をともなわなければなりません。まずは表現する内容を図式化してから語ってもらうとよいでしょう。

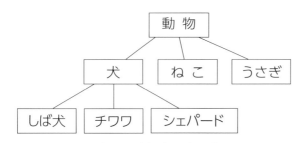

図12　上位概念、下位概念を書き出すひらめきマップ

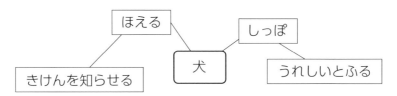

図13　事物の特徴を書き出すひらめきマップ

（3）手続きのような論理性のある説明をする

聞き手が理解しやすい、筋道の通った説明ができるためには、話し始める前に、頭のなかで話の材料を整理し、順番を考える作業（プランニング）を行わなければなりませ

ん。指導場面では以下のような活動が考えられます。

1）**目的に至るための手順**：食べることや料理に関心のある子供であれば、例えば「おいしいサンドイッチを作るにはどうやったらいい？」と調べ学習を交えて、調理の流れをまとめて発表したり、文章として書いたりすることができるでしょう。料理のレシピのように単なる箇条書きではなく、手順を文章の形に仕上げます。工作の手順や旅行の準備など、子供の興味に合わせて説明してもらうテーマを選びます。そのなかで、「はじめに」「次に」「最後に」などの言葉も意識して使うように導きます。書き上げた通りに、実際に作ってみるのも楽しいでしょう。

2）**目的地に至るための道順**：道順の説明にもプランニングが必要であり、さらに、「右・左」「〜の前を」など位置を表わす言葉を正しく使うことが求められるため、語彙の学習とも関連します。「この教室から正門（校長室・自分の学級など）までどうやって行くか」という課題には、指導者と一緒に実際に行ってみて「調査」したり、「家から学校（駅）まで行くにはどうやって行くか」には、地図を使って確認したりします。

4 　文法的に正しい形で表現する

指導のやりとりの例

◆会話のなかで子供の文法的な誤りを修正して聞かせる

　子供「ドアがしめて、とりのこされた。」➡指導者「ドアが……しまって、とりのこされたのですね。」

◆文法的な誤りのある文を提示して子供に修正してもらう

　「次の文のなかにおかしいところはありますか？『トラックで荷物が運びました。』」

解　説

　文法面に困難がある子供では、「食べさせた」と言うべきところを「食べられた」と言うような言い誤りがあるかもしれません。日常的な会話に見られるこのような言い誤りに対しては、誤りの機会を捉えたリキャストによる対応を行います（子供「犬におやつを<u>食べさせた</u>」➡指導者「犬におやつを<u>食べられた</u>のね」）。

第3章　LCSAにもとづく指導の実際　73

　自由な発想で文を作る活動は、文を構成する機会を与えます。「『今日は遠足です。でも、雨が降っていたので』に続けてお話を作ってみましょう」のように、出だしを与えて文やストーリーを完成させる課題を行います。このなかで必要に応じて文法的な誤りを修正していきます。

　このほかにも、誤りがちな助詞の穴埋め課題や、主語と述語に合った助詞のカードを選択するようなメタ言語的活動、キーワードを使って文を作る課題（「『あな』と『落とす』を使って文を作ってみてください」）といった活動もあります。このような課題では、「落ちる／落とす」「曲がる／曲げる」「折る／折れる」「見る／見える」「食べる／食べさせる」といった動詞によって助詞が異なることに気づいてもらいます。

　文法面の誤りが特に気になる場合には、文法的に誤った子供の表現をノートに書き出して、正しい文型の例示をしながら助詞などの誤りに気づいてもらったり、教師の誤った表現を聞かせて正誤を判断してもらったりするという方法もあります。「あげる・もらう」などの言葉が入った「やり・もらい」文や、受動文（～される）、使役文（～させる）の使い方に困難がある子供の場合は、文の意味を動作で表しながら意味と表現を結びつけていきます。

5　語り（ナラティブ）の力を高める

指導のやりとりの例

◆子供が中心になり話をする場面を設定する

「この前の日曜日に何をしたのか聞かせてください。」

◆書きとめた語句を見ながら子供の語りを振り返る

「お父さんと公園に行ったときの話をしてくれましたね。はじめに池のそばで遊んで……。どうしてテレビの話になったんだっけ？」

◆テーマから連想した自分のアイデアを参照しながら語る

「『遠足』から思いつくことを書いていきましょう。」「では、書いたものを見ながらお話ししてみましょう。」

◆話に含めたい内容を参照しながら語る

「ここに『いつ』『どこで』『どう思ったか』のカードがあります。これらが入るようにお母さんと買い物に行ったときの話しをしてください。」

◆連続絵で描かれた状況を言葉で説明する

「ここにある４コママンガのお話を、絵が見えないところに座っているお母さんにも分かるように説明してください。」

解　説

語り（ナラティブ）とは、複数の文をつなげてひとつの話のまとまりを表現するものであり、自分の経験についての語り（パーソナル・ナラティブ）や架空の出来事の流れについての語り（フィクショナル・ナラティブ）があります。よく知られている物語の場合には、テーマ（「桃太郎」など）、設定（「むかしむかしあるところに」など）、展開、クライマックス、解決（「めでたしめでたし」）といった型に沿って構成されています。それほど綿密に構成されたストーリーでなくても、聞き手に分かりやすく語るには以下の条件があります。

- **状況理解**：語り手は出来事の流れを理解し、因果関係を整理する。
- **語想起**：伝えたいことを表す適切な語を想起する。
- **文構成**：文法的な文を組み立てる。
- **過不足のない情報提供**：聞き手が知らない情報を提供し、反対に、聞き手が知っている情報や細かい説明を繰り返さない。
- **一貫性のある表現**：内容が飛躍したり、テーマから逸れたりすることなしに語る。
- **連続性のある表現**：接続詞や接続助詞（「～ので」「～けれども」など）を適切に使って文をつなげていく。
- **心的態度の表明**：登場人物や語り手の心情や、共感・賛同・反論といった出来事に対する考えを述べる。

語りの力を高めるために以下のような活動が考えられます。

（1）語る場面を設定する

一週間の出来事を話してもらう時間（「お話しタイム」など）を設定する場合には、保護者にも協力してもらうとスムーズに活動が展開します。保護者には、子供と教室に来る前に話す内容を相談しておいてもらう、休みの日の活動の写真や出かけたときのリーフレットやチケットなどを取っておいてもらう、話すメモや資料を載せた「お話しノー

ト」を子供が作るのを助けてもらう、といった協力を依頼するとよいでしょう。

　このほかにも、子供に話してもらう活動として、「好きな食べ物」など子供が話せそうな話題を用意したサイコロを作って行う「サイコロトーク」や、すごろく上で自分の駒が止まったところに書かれたテーマについて話す「お話すごろく」などがあります。

　指導者は、子供の語りを最終的にどのようにまとめるかを考えながら児童に質問し、話を引き出していきます。「だれが何をした」という型にはまった表現ではなく、多様な観点の発言を子供から導き出します。語り表現のモデルとして、指導者自身の経験をその時の気持ちや感想を含めて語って聞かせるとよいでしょう。

（2）語りの適切さについて視覚的なフィードバックを与える

　話した言葉は口から出た瞬間に消えてしまうため、子供にとって自分の語りの振り返りは難しいものです。そこで、子供の語りの内容を大人がキーワードで拾い出し、黒板などに書き留めていきます。文の形で書き起こそうとすると筆記が追いつかずに子供を待たせるので、語や短いフレーズの記録にとどめます。目の前で自分の語りが文字になっていくのを見て、子供は自分の言葉が聞き手に受け入れられている実感をもつでしょう。子供と記録を共有することで、内容の振り返りが可能になります。「こう言ったらもっと分かりやすいかな」と、必要に応じて情報を付け加えたり、話す順序を変えてみせたりすることによって一層分かりやすい形に仕上がれば、それも子供に達成感を与えます。このように、視覚的および聴覚的なフィードバックは、子供が自分の語りを客観的に振り返り、語りの構成を高める手立てとなります。

　話す意欲は高くても話の筋が飛んでしまったり、肝心の情報が提供されなかったりして理解しにくい話し方になる子供がいます。聞き手から「よく分からない」と言われても、何が問題なのか本人には理解できないでしょう。そこで上述のような視覚的フィードバックを活用しますが、ホワイトボードなどに子供の発話を記録していく際に工夫を加えます。図14のように、子供の語りの筋道が明確な場合には縦に並べていき、話題が飛んだと思われる所で少し横にずらして書きます。子供の語りがひと段落したところで、一緒にキーワードの記録を見ながら、共感したり感心したりしながら話の展開を振り返ってきます。ずらして書いたところにさしかかると、「なんでこの話になったのだっけ？」と話の筋が飛んでいることに注意を促します。このように、筋道だった話であれば一列の並びになることを子供に視覚的に伝えるとともに、この活動を繰り返すことによって、一列に並ぶ話が望ましいことを意識づけていきます。

76

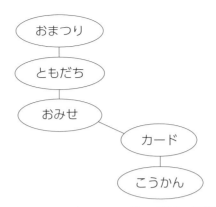

図14　キーワードによる子供の発話の記録の例

（3）「ひらめきマップ」や文字にしたキーワードを活用して語る

　テーマが与えられても、何を話したらよいのか分からない子供もいます。その場合には、まずテーマから連想するアイデアの列挙から始めます。これは、前述の「３　説明する力を高める」の「ひらめきマップ」の活用と共通していますが、語りには順序性や一貫性が必要であり、単なる関連することがらの羅列ではないという点が異なります。はじめはアイデアの列挙でよいのですが、次に思いついた断片を構成化していきます（図15）。そして、配列されたキーワードを見ながら足りない情報を加えつつ語ってもらいます。

　別の方法としては、まず子供に自由に語ってもらいます。そのなかで、指導者はホワ

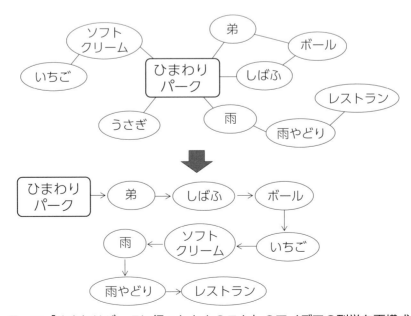

図15　テーマ「ひまわりパークに行ったときのこと」のアイデアの列挙を再構成する例

イトボードなどではなく、短冊や付箋紙にキーワードを書いていきます。この段階では、子供の発話は内容があちらこちらに飛んでしまっているかもしれません。語りの後に、筋が通るようにキーワードを配列しなおしてもらい、最後にキーワードを見ながらもう一度整った形で語ってもらいます。

　さらに別の方法では、あらかじめ指導者がさまざまな名詞、動詞、形容詞などをカードに書いておき、子供に筋が通るようにこれらのカードを並べてもらい、文や文章として話してもらうという活動もあります。当該学年の新出漢字を含む言葉や漢字熟語をカードに含めておき、文を作ってもらうと、漢字に親しむことにもつながります。

（4）5W1Hや接続詞などのカードを活用して語る

　語りには「いつ」「どこで」「だれが」「なにを」「どのように」「なぜ」「どうした」といった、いわゆる5W1Hの情報や、事実だけでなく「どう思った」という気持ちについての言及があると内容が豊富になります。そこで、「いつ」「どこで」といった言葉をカードや付箋紙に書いて机上に並べておき、子供が語る際にこれらの情報を含めるように意識させます（図16）。

　視覚的手がかりとなるヒントカードの使い方には、①これらのカードを参照しながら語る、②語りながら、話し終えた項目のカードを裏返していき（例：「きのう」と言いながら『いつ』のカードを裏返す）、すべてのカードが裏返しになるように語る、といったバリエーションがあります。ヒントカードに依存し過ぎないように、タイミングを見きわめて徐々に支援を外していきます。ある程度語りに熟達している子供の場合は、③カードは話し終えた後で提示し、触れなかった項目があるかどうかを確認する、という使い方ができます。

　必要に応じて、「そこで」「ところが」「すると」「なぜなら」などの接続詞や、「さいしょに」「つぎに」の順を表す言葉のヒントカードを用いるのもよいでしょう。

図16　5W1Hなどのヒントカード

（5）絵図版などの視覚的手がかりにもとづいて語る

　４コママンガのように連続性のある絵や状況画を見ながら語るという活動はよく行われます。連続性のある絵は、出来事について時系列的な説明を促すのに有効です。ここでも、目的に応じた配慮や工夫が求められます。例えば、文字のない紙しばいは最適な教材になりますが、紙しばいは枚数が多く、負担が大きくなります。そこで、絵を見て状況を読み取りやすく、ストーリー展開に重要な場面の絵だけをあらかじめ選択しておく必要があります。また、子供と指導者が場面ごとに交代で語る活動にすると、語りのモデルを示す機会を交えることができます。なお、せりふ（吹き出し）のある４コママンガを用いる場合は、せりふをつなげるだけの説明になってしまう場合があるので、できればせりふの部分を隠しておきます。子供の動機づけを高めるために、「絵本作家になろう」「シナリオライターごっこ」といった活動名にするのもよいでしょう。

　絵図版などを用いた活動には以下のようなバリエーションもあります。

1）**配列を課題の一部にする**：連続絵の絵カードはあらかじめ並べて提示してもよいですが、ランダムな順序で提示したり、最初の１枚だけを示したりして、子供にカードの配列を求めることもできます。なお、子供が一見して誤った順序で配列しても、その発想を大事にして、まずはそれで語ってもらいます。そのあとで、別の配列の可能性について話し合ってみましょう。また、あらかじめ絵カードを並べて提示する場合も、最後の１枚は伏せておき、結末を想像してもらうのもよいでしょう。

2）**せりふバージョンと物語バージョンとを使い分ける**：４コママンガを使って登場人物のせりふを考えてもらうと、単純な口語表現にとどまってしまいます。そこで、せりふを一切使わないで説明してもらうことも必要です。

3）**絵を見ていない人にも伝わるように語る**：話し手と聞き手がともに絵を見ている状況では、断片的な言語表現でも十分に伝わりますが、絵を参照していない相手にはより詳細な状況を説明しなければ伝わりません。保護者など、もうひとりの大人に少し離れた所に座ってもらい、その聞き手にも伝わる語りにすることを目標とします。子供に語ってもらったあとで、必要に応じて聞き手と質問－応答を重ね、分かりやすい表現に高めていきます。

指導事例 3

５W１Hのカードを使った文構成指導

■ 児童の実態

　話すのが苦手で、助詞を抜かしたり使い誤ったりする、適切な動詞が浮かばない、一文が長く続き主語と述語の関係が混乱するなどの様子があり、相手に分かりにくい表現となります。聞くときは、話の一部に反応したり、長い話を聞き取ったり理解したりするのが苦手な様子でした。LCSA の結果は、「語彙知識」「文表現」が特に低い値でした。

1　指導方法

　必要な要素を入れ、助詞を正しく使用して一文を正しく言えることを目指し、５W１Hカードを用いて話をする学習を行いました。

① だれが　いつ　どこで　なにを　〜する。　感想　の５枚の文字カードを提示します。児童が５W１Hカードの内容に対応する言葉をカードの下に書きながら文を作ります。（例： ぼくは　昨日　お店で　本を　買いました。 ）作った文を読ませ内容を確認します。その文をもとに追加の情報や感想を書いてもらったり、話し合ったりします。

② 家庭での協力を依頼し、休日の様子をデジカメプリントし、教室に持参してもらいます。それを見ながら、５W１Hカードを用いて話をしてもらい、作文につなげます。写真があるので、より具体的な表現が増えます。

2　結　果

　以前は、経験を話すとき、何からどう話してよいのかよく分からない様子でしたが、本学習を行って以降５W１Hを含む文を正しく言えるようになりました。一文で短く表現する方法がわかり、文を長くつなげたわかりにくい表現が減りました。助詞も正しく使えるようになり、在籍学級で作文を書くとき、以前に比べ短時間で正しい文を書けることが増えました。

指導事例 4

連続絵を用いて説明力を高める指導

■ 児童の実態

発話意欲は旺盛ですが、その場で頭に浮かんだことや、目に付いたことを急に話し始めることがあります。文と文のつながりや、文脈全体を捉えることが苦手です。LCSA では「語彙知識」「文表現」「対人文脈」「柔軟性」が特に低い結果となりました。WISC-Ⅳ知能検査からは、知覚推理指標（PRI）が低く、見たものを分析的に捉えることが苦手であることがうかがえました。

1−1 指導方法

絵の状況を読み取り、分かりやすく説明できることをねらい、4枚の連続絵を見てお話を作ります（こぐま会「おはなしづくりカード」）。

① バラバラに提示された4枚の絵を、お話の順番に並べてもらいます。

 例） ⅰ 男の子と帽子をかぶったおじさんが駅のホームに立っている。

    ⅱ おじさんの帽子が風に飛ばされ、おじさんの髪が乱れる。

    ⅲ 駅員が帽子をひろい、男の子は両手を挙げて喜ぶ。

    ⅳ 駅員に見送られて二人は電車で出発する。

② 大まかな話の流れをつかみ、話してもらいます。

③ 状況と会話を文章にしてもらいます。

1−2 結果

絵の状況が正しく理解できないため、絵の順番を間違えることがありました。また、風に帽子が飛ばされている絵を「帽子がホームの上に置かれている絵」、登場人物がビックリして手を挙げている絵を「ばんざーいと喜んでいる絵」などと話しました。

登場人物の表情や周りの様子をしっかり見るように促すとともに、要点となる箇所について問いかけると（「この人の髪の毛はどうなっていますか？」「この人は喜んでるかな？」など）、状況が理解でき、4枚の絵を正しく並べ替えることができました。

絵を話の順番に並べられると、絵のおおまかな状況を話すことができました。また、書き出しの主語や接続詞を言ってあげると続けやすくなり（例「駅の……」「男の子が……」）、1組の絵で3〜4つの文から成る文章を書くことができました。

2−1 指導方法

上述のように、絵の順番を間違えて並べることがあったため、以下のように修正しました。

① 4枚のうち、1枚の絵を見せて、原因（「なぜこうなったか」）や結果（「この後どうなったと思うか」）をあらかじめ考えてもらいます。

② その後、残りの3枚の絵を見て、4枚の絵をお話の順番に並べてもらいます。

③ 大まかな話の流れをつかみ、話してもらいます。

④ 状況と会話を文章にしてもらいます。

2−2 結 果

1枚の絵を見て原因や結果を考えることで、全体の話の流れや絵の状況が理解しやすくなり、話の順番通りに4枚の絵を並べることができました。

助詞の使い方、主述の関係など文表現についての課題は残っていますが、学級では以前より文を書くことがスムーズになってきているとの報告がありました。

文表現

対人文脈

1 対人文脈に困難がある児童とは

　LCSAにおける対人文脈とは、人とのかかわりにおける適切な言語使用を指します。対人文脈に課題があるプロフィールの例を以下に示します。

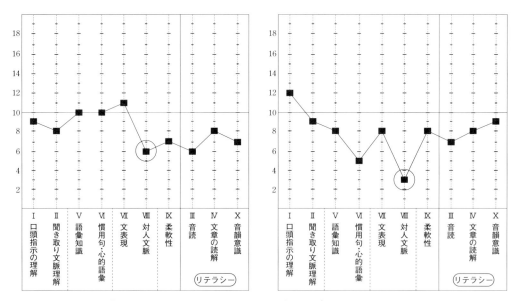

「対人文脈」下位検査の評価点が低いプロフィールの例

　対人文脈の力が十分に育っていないことから、以下のような特徴を示すことがあります。

- 聞き手の立場や状況に応じて言葉づかいを変えることが難しい。
- 自分の体験は相手も知っているはずと考えて話す。
- 会話が一方的になり、相手の話に合わせたり、やりとりしたりすることが難しい。

第3章　LCSAにもとづく指導の実際　　83

② 相手の立場や観点に配慮して話す

指導のやりとりの例

◆指導者以外の大人にインタビューをする

「ほかの先生が休みの日にどんなことをしているのか聞いて来て、発表してください。」

◆主人公以外の人から見たストーリーを語る

「今度は、この4コママンガに出てくるお父さんを主人公にして、もうひとつのお話を作ってみてください。」

◆ゲームの司会進行役になる

「ゲームのルールをよく分かるようにみんなに説明してあげてください。」

解　説

前節の「文表現」で述べた「語り」では、聞き手に分かりやすく、十分な内容を整った形で話すことが求められます。これに対し、日常的な会話では、相手と言葉のキャッチボールを行います。キャッチボールでは、相手に配慮せずに力いっぱいボールを投げたり（相手に失礼な表現をする）、相手から遠く離れた所にボールを投げたり（話題がそれる）、自分だけが投げ続けたりする（一方的に話す）といったことは避けなければなりません。会話のルールを学ぶために以下のような活動が考えられます。

（1）インタビュー活動で質問応答を経験する

人とかかわる場面を設定して、適切な言葉の使用について考えてもらいます。

友だち同士の会話では遠慮はいりませんが、大人に対しては立場の違いを踏まえて話す必要があります。「インタビューごっこ」「レポーターになろう」などと称して、話し慣れている親や指導者以外の大人から、自分の知りたい情報を聞き出す活動を行います。学校であれば手の空いている教員などとのやりとりを設定して、その人が好きな食べ物やその理由、趣味などについてインタビューを行います。質問の内容をあらかじめ考えるだけでなく、相手と自分の立場の関係についても配慮し、丁寧語や尊敬語など、適切な言葉づかいにも留意するよう打ち合わせをしておきます。ICレコーダーを使っ

対人文脈

て、自分や相手の発話の振り返りができるようにしてもよいでしょう。得られた情報を
まとめて、結果を報告してもらいます。その際には回答についての感想や意見、自分が
回答者だった場合の答えについても述べるようにします。

（2）他者の観点を理解して語る

　他者の観点について考える活動には以下のようなものがあります。

１）**複数の登場人物のそれぞれから見える状況を推測して語る**：前節「文表現」の「５
　語り（ナラティブ）の力を高める」では、４コママンガや状況画を使って説明表現
　をする活動を紹介していますが、同じ４コママンガなどを使った活動も、ここでは
　異なる手続きを取ります。場面の全体像が聞き手に伝わるように表現するのではな
　く、複数の登場人物（あるいは動物などのキャラクター）それぞれ立場の気持ちや意
　図を踏まえたセリフや説明文作りを行います。例えば、石につまずいてころぶ場面
　では、当事者からすれば、「足がひっかかって、気づいたら地面にころんでいた。
　膝をすりむいて痛かった。笑われてはずかしい」となるでしょう。一方、その様子
　を見ている子供からすれば、「下を見て歩いてないからだ」「マンガみたいで面白
　い」「痛そうでかわいそう」など、人によってさまざまな感想をもつでしょう。こ
　のように、主人公になりきった表現や、ほかの登場人物からの視点で語る、さらに
　はレポーターのような第三者の観点から語るというように、立場を入れ替えた表現
　を試みることで、人物の内面を洞察する機会を与えます。

２）**聞き手に伝わるように状況を伝える**：子供だけに絵を見せて言葉で描写してもら
　い、聞き手が子供の説明をもとに絵を書き起こす「説明ゲーム」では、聞き手にう
　まく伝わらないもどかしさを通して、より伝わりやすい表現へと導きます。もどか
　しさが高じすぎないように、役に立つ語彙や観点を適宜モデル提示してあげるとよ
　いでしょう。

３）**文章を通して登場人物の思いを推測する**：国語の教科書に載っているような物語文
　には、登場人物の思いが描かれます。気持ちや考えなどが書かれている箇所に線を
　引き、意味するところについて話し合います。文章の読み取りは、他者の観点につ
　いて考える機会になります。子供の理解度を探りながら言葉の背後に潜む意図など
　について読み込んで、一斉授業である国語の時間とは違った、個別指導ならではの
　文章理解の指導を行います。

第3章　LCSA にもとづく指導の実際　　85

（3）司会や進行係を経験する

　小グループの活動を行う機会があれば、子供に司会進行を任せることもできます。自分中心に進めるのではなく、参加者の気持ちを損ねないように言葉使いに配慮する必要があります。ゲームや活動などのルールを説明するには、相手に通じるように的確な指示を出すことも求められます。指導者は、司会者としての心構えをあらかじめ教示しておきます。丁寧な話し方をする、参加者一人ひとりの意見を聞く、ルールを分かりやすく伝える、万一ほかの子供同士のいざこざがあったら仲介に入る、後片づけまで協力して行うように参加者に言葉かけをする、といったルールです。活動が始まったら、基本的に司会者に進行を任せます。司会者が審判になる必要がある場合には、みんなに信頼される審判になることを目指してもらいます。最後に、司会者や審判役として良かった点などについて参加者がコメントしあうとよいでしょう。

３　話題から逸れないようにしながら、相手と交替で話す

指導のやりとりの例

◆テーマを意識しながら話す

「サイコロを振って、すごろくの止まったところに書いてあるお題でお話をしてください。」

◆交代を意識しながら話す

「話したい人はマイクを持ってから話してください。」

対人文脈

解　説

　他者との会話を円滑に行うには、以下の会話のルールを守るように意識づけをしていきます。

（1）話題から逸れないように話す

　話すことに対する意欲は高いものの、話すうちに話題が逸れるというコミュニケーション面の特徴を示す子供がいます。会話を楽しみながらも話題が逸れた機会を捉えてさりげなく指摘したり、前節「文表現」の「5　語り（ナラティブ）の力を高める」で述べたように、児童が話したことを書き留めて視覚化するフィードバックを使った振り返

りを通して、話題から逸れたことに気づかせたりしてもよいでしょう。その一方で、他者から指摘される前に自分で軌道修正できるようになることも大切です。あらかじめテーマを書いて示しておき、自分で話題を参照できるようにしておくのもひとつの方法です。「好きな食べ物」「好きなゲーム」「無人島でやりたいこと」など子供に話をしてもらう話題を書いたサイコロを作って行う「サイコロトーク」や、すごろくで自分のコマが止まった所に書かれたテーマについて話す活動でも同じような効果を与えることができます。

（2）相手との順番を意識して話す

　一方的に話をしてしまう子供の場合、話す順番を伝えて意識づけをしてから語ってもらいます。自分の発話の順番を客観視できるように、マイクやボールを持っている人が話し、持っていない人は話を聞くというルールを設定したり、話す人はあらかじめ配られたカードを机上に置いてから話す、話すたびに手持ちの積み木やカップを積んでいく、といったことをルールにしたりできます。話す時間が意識できない子供には、タイマーを用意して時間を決めて交代で話すという方法もあります。

第3章　LCSAにもとづく指導の実際　　87

指導事例5

話が逸れてしまう児童への
文字（視覚的フィードバック）を用いた指導

■ 児童の実態
　話量が多く、思っていることを素直に話すことができます。しかし、自分の話のなかのキーワードに反応して話が逸れたり、自分の話したいことが優先され相手の話をきちんと聞いていなかったりすることがあります。そのため、やりとりがかみ合わなくなり、会話での意思疎通がなかなかスムーズにできません。会話のキャッチボールは話し相手が本児の発話のつながりを推論することによって成立しています。

1　指導方法

　「話題に沿って話を継続したり、相手を意識して話をしたりする」ことを目指し、指導を行うこととしました。本児は、話し相手の発話を耳で聞いても自分の言いたいことが優先した話になりがちですが、書かれた文を目で追うとその内容を意識して話すことができます。そこで、本児とのやりとりを「メールごっこ」と称して、付箋紙を活用し、言いたいことを短く文に書き、付箋をお互いに交換し合って会話を行います。担当者が主導権を取りながら本児に質問するようにして、会話を進めます（図17）。

2　結　果

　付箋紙に書かれた担当者の言葉を読み返しながら、本児が自分の言いたいことをよく考えて短い文章で返事をする（書く）ことができるようになりました。話題が逸れたり、飛んだりすることも少なくなりました。また、会話のなかで担当者のことを意識するようにもなり、質問などをするようになりました。会話がつながるようになり、やりとりの内容が深まりましたが、付箋紙がなくなると途端に話が逸れてしまうこともありました。

　話が逸れていくことを本児自身に振り返らせるために「メールごっこ」の主導を本児がとって役割交代して行いました。すると、担当者に質問したり、話題を投げかけたりしたものの、担当者の返事にさらに答えて次へ展開させていくことはできませんでし

対人文脈

た。担当者の返答に沿った話題へとつながらず一問一答のようなやりとりになり、会話が継続しませんでした。しかし、今までのうまくいった「メールごっこ」の付箋を見ながら振り返らせると、「相手の話を受けての会話が続いていない」ということに気づくことができました。その後、本児は話題を継続させることを意識して取り組めるという変化も見られました。1年間指導を継続した結果、付箋がなくても一つの話題で話が継続できるようになり、話す相手も意識できるようになってきました。

この間の学習交流会はどうでしたか？

たのしかったです。先生は、どうでしたか

先生も、ことばの教室のお友だちみんなとお話したり、ゲームをしたりして、楽しかったです。○○ちゃんは何が楽しかったかな？

わたしは、しかいをやったのが楽しかったです。前のはんのしかいの人がうまく読めててすごいなと思いました。

ゆみちゃんのし会も上手でしたよ☺ ほかに楽しかったことはありましたか？

ほめてくれてうれしかったよ。ほかにはドッジボールが楽しかったよ。

図17 付箋紙による「メールごっこ」のやりとりの例 （左：児童、右：担当者）

第 3 章　LCSA にもとづく指導の実際　　89

事例報告 3

語の想起や構文力が弱く、やりとりが苦手な児童への 比喩表現の理解や感情語の表出を目指した指導

■ 児童の実態と指導方法の概要

「質問の意図を理解することが難しい」「言葉の想起が苦手でやりとりが広がらない」
ということを主訴とする 3 年生の女児。相手意識が乏しく、自分勝手に振る舞う様子も見
られました。言葉のレパートリーを広げるために、比喩表現を使った文作りや関連語を想
起させる課題を行いました。また、人形などを用いてやりとりをするなかで、感情語の表
出を促す指導も行いました。次第に気持ちを表現する語彙が増え、読書感想文などでも、
登場人物の気持ちを想像して書くことができるようになっていきました。

1 児童の実態

（1）主訴など

　入級当初の主訴は、言語発達に遅れがあり、学習の定着が難しく学習意欲が下がってい
るということで、2 年生 2 学期から通級を開始しました。

（2）生育歴

　両親と兄、弟の 5 人家族。発育は順調でしたが、言葉の面では 3 歳頃まで、はっきり
と話すことが難しい子供でした。家ではよくお手伝いをして弟の面倒見もよいのです
が、弟とはケンカをすることが多く、片づけも苦手です。友達関係は狭く、一緒に遊ん
でもらえないことが多いようです。

（3）学校生活

　在籍学級では大人しくあまり目立たない児童です。以前は、クラスのなかが落ち着か
ず集中して学習することが難しい様子でした。また、弟と一緒に通級しており、母親は
本児よりも弟に手がかかるようでした。しかし、在籍学級での授業規律が整い、学習意
欲が増したことや、弟と別々に通級するようになり、母親が本児ひとりだけにかかわる
時間ができるなど、環境が落ち着いたことで、学習内容の理解が以前より進むようにな
りました。

対人文脈

（4）諸検査の結果

入級相談時（6歳7ヵ月時）の絵画語い発達検査（PVT-R）では、語彙年齢（VA）5歳3ヵ月、SS7でした。

3年生の2学期（8歳8ヵ月時）に実施したWISC-Ⅳ知能検査の結果は以下の通りです。

全検査IQ（FSIQ）83

言語理解指標（VCI）90　　　　　　　知覚推理指標（PRI）80

ワーキングメモリー指標（WMI）91　　処理速度指標（PSI）83

また、K‐ABCの結果は、以下の通りでした（9歳2ヵ月時）。

継次処理98±9　　同時処理87±7　　認知処理91±6　　習得度86±5

2 LCSAの結果

3年生の6月に実施したLCSAでは以下の結果が得られました。

LCSA指数91　　リテラシー指数100

下位検査		評価点	
Ⅰ　口頭指示の理解	➡	8	
Ⅱ　聞き取りによる文脈の理解	➡	9	
Ⅲ　音　読	➡	12	リテラシー
Ⅳ　文章の読解	➡	11	リテラシー
Ⅴ　語彙知識	➡	6	
Ⅵ　慣用句・心的語彙	➡	10	
Ⅶ　文表現	➡	6	
Ⅷ　対人文脈	➡	12	
Ⅸ　柔軟性	➡	7	
Ⅹ　音韻意識	➡	7	リテラシー

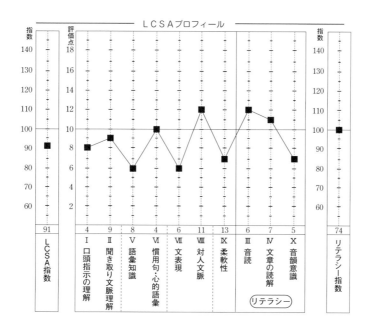

　以上のように、LCSA プロフィールのなかで、「語彙知識」「文表現」「柔軟性」「音韻意識」が低いという特徴が認められました。

3　指導方針・方法

　LCSA では、発話に関する下位検査のなかでは「語彙知識」と「文表現」「柔軟性」の評価点が特に低く、会話や説明が苦手な背景には、抽象的な言葉の理解や関連語や場面の想起の苦手さ、助詞や接続詞の使い方に課題があることが推測されました。そこで、日常会話のなかで使える語彙を増やし、「伝えることが楽しい」という場面設定を工夫し自発話を増やすことを目標に、本児が興味をもって取り組める人形を使ってのやりとりを通した活動を設定しました。LCSA では「慣用句・心的語彙」の成績に低下はありませんでしたが、発話において自分の気持ちを伝える様子があまり見られないことから、人形を使った活動のなかで感情語の表出を促す指導を行うとともに、「〜のように」などの比喩表現を使った作文指導を行いました。また、言葉の意味や使い方、そして構文力を高めるために、５Ｗ１Ｈを意識した文の拡大練習や、同音異義語のワークシート、反対語や類推語の想起課題などを行いました。

4　指導経過

　１年間を前期（９月〜３月）、後期（４月〜１０月）の２期に分け、指導を行いました。

前　期

指導目標	指導方法・指導内容	本児の様子・結果
人形を使って発話を促し、やりとりを広げる。	用意するもの：着せ替え人形や、人形にまつわる道具（小物や家など） 指導手続き：本児が好きな人形や道具などを使って、指導者と自由にやりとりする。そのなかで、指導者が比喩などの言葉の表現（「雲みたいにフワフワなケーキ」「まるでお姫様のような服」など）を聞かせて、復唱させる。	本児が日常的に使っている言葉が自然に表出し、やりとりが弾んだ。「トレーって何？」など、本児の知らない言葉の意味を質問するようになった。 また、自発的に人形や道具を選び、指導者の言葉かけに答える形で、気持ちを表す言葉を口にすることが増えた。
５Ｗ１Ｈに沿った文作り学習を行う。	用意するもの：「文の拡大練習のワークシート」（葛西ことばのテーブル） 指導手続き：本児の経験したことを、ワークシートに書き出させる。その際、ヒントとして「いつ」「どこで」などを記入した５Ｗ１Ｈのカードを提示する。それをもとに文を作らせる。	文をつなげて書くことはできた。適切な助詞が使えず、意味が分かりにくい文になっていた。そのような際は、指導者が助詞をいくつか提示して、正しいと思うものを選ばせた。作った文を読ませ、確認させた。
同音異義語の意味の違いを理解する。	用意するもの：「わかるかな？ことばの教材集１」（トライアングル事務局） 指導手続き：「ピアノをひく」「かぜをひく」などの同音異義語の穴埋めをする課題を行う。初めは絵や文字数などのヒントがある課題を行い、慣れたら文のみの課題で行う。	絵や文字数から、語を想起して答えることができた。文のみの課題は語頭音のヒントを与えると、想起でき、漢字で書くことや間違いに気づくこともあった。
反対語や類推語を想起する。	用意するもの：『失語症訓練のためのドリル集１「語想起（名詞）の改善を目指す』『ドリル集３「動作・状態を表す語の改善を目指す」（協同医書出版社） 指導手続き：類推語や反対語の想起課題を行う。その語を用いて２～３語文にして話す。	例えば、「洋服を脱ぐ」などの語が想起できないときには、指導者が身振りで示したり、語頭につく音を「ナ行音のなかにあるよ」などのヒントを与えたりして考えさせた。子供が実際に音を当てはめて言うことで、聴覚的フィードバックをして正しい語に気づくことができた。

後　期

指導目標	指導方法・指導内容	本児の様子・結果
場に応じたやりとりができるようになる。	用意するもの：「会話練習ワーク第5集」（葛西ことばのテーブル） 指導手続き：「お弁当屋さん」「サッカー練習」などの場面を設定し、ターゲットになる言葉（「でも」「だから」「もう～ちょうだい」など）を入れた会話練習をする。	指導者と役割交替をしながら行うことで文型に慣れ、適切なやりとりをすることができた。 また、「ケーキ屋さん」「野球練習」などの応用場面に置き換えても、やりとりをつなげられるようになった。
5W1Hを意識して、スピーチの練習をする。	指導手続き：本児が話したいことを、5W1Hについてノートに書き出してもらい、それをもとにスピーチの練習をする。	メモを見ながら、スピーチすることができた。次第に、見なくてもできるようになった。
文をつなげて、複文や重文が作れる。	指導手続き：適切な助詞や接続詞を選ばせ複文や重文を作る。その際、指導者が「が・の・を・に・へ・と」などの助詞や「そこで」「でも」「その～は」などの接続詞を提示する。できた文を読ませて、意味が通じているか確認させる。	助詞や接続詞の意味を説明し、少しずつ理解ができるようになった。選ぶときに時間がかかるため継続して指導していく。

5　指導経過のまとめ

　感情語を表出させる指導を行うことで、本児の母親や家族に対しての思いや要求を知ることができました。それを、指導者が母親に伝え、環境調整することで本児の思いが満たされ、本児のコミュニケーション行動がさらに改善するきっかけになったようです。作文には意欲的に取り組み、5W1Hを意識しながら、テーマに沿った作文が次第に書けるようになりました。「～のように」などの比喩表現は、担当者の示した例を真似て練習することで、習得し使えるようになってきましたが、比喩文の意味を理解することは難しい様子が見られました。まだ残る課題はありますが、何よりも本児自身の表現意欲が増し、在籍学級でも自信をもち、進んで発言する姿が見られるようになったことが大きな変化です。

柔軟性

1 柔軟性に困難がある児童とは

柔軟性に課題がある児童のプロフィールの例を以下に示します。

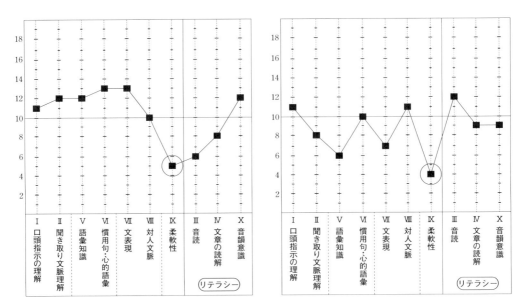

「柔軟性」下位検査の評価点が低いプロフィールの例

このような児童では以下のような言語面の特徴を示すことがあります。

▶ 話すことをためらいがちで、話すときも短い文で、内容の乏しい発話になる。

▶ 作文で書く内容が思い浮かばない。

▶ 関連語の想起が難しく、作文では型にはまった文になりやすい。

▶ 状況判断が難しく、思い込みで、物事を被害的に受けトラブルになりやすい。

2 語想起の柔軟性を高める

指導のやりとりの例

◆キーワードからできるだけ多くの言葉を想起する

「『遠足』から思いつく言葉をできるだけたくさん挙げてください。」

◆想起した言葉からさらに連想を広げる

「『遠足』と言えば『おやつ』。では、『おやつ』から思いつく言葉は？」

◆効果を考えながらヒントを提示する

「おやつにもいろいろな味のものがありますね。」

解説

スムーズに会話をしたり、与えられたテーマで作文を書いたりするには、語彙の知識が必要です。語彙知識は経験や学習の産物ですが、辞書を一冊丸暗記するように「語彙を覚えること」だけでは表現力の向上には必ずしもつながりません。頭のなかにある辞書を使いこなすには、膨大な項目のなかから適切な語彙をいかにすばやく見つけ出すことができるかという検索力も必要です。つまり、語彙にかかわる力は、〈語彙知識〉と〈語想起〉の両者によって支えられていると言えます。話し言葉だけでなく、作文も含めて言語表現が乏しくなりがちな子供のなかに、「柔軟性」の成績も低い子供が少なくありません。「語彙知識」の成績は平均的であるにもかかわらず、語想起にかかわる柔軟性の成績が低いこともあります。そのような子供では、もっている語彙をスムーズに産出できるようになることがポイントになります。

（1）ひらめきマップを活用する

語想起の力を高めるために、キーワードを与えて、関連する言葉をできるだけたくさん挙げてもらいます。キーワードには「自動車」「海」といった名詞や、「冷たいもの」「白いもの」といった形容詞の入った言葉、「ころがるもの」「飛ぶもの」など動詞を含む言葉など、多様な言葉を使うことができます。自分の発想を記録するため、図18のような、テーマを中心に四方に広がる「ひらめきマップ」の枠組みを用意して子供に埋めてもらったり、同様の書式に大人が子供の発話を聞きながら書き足して行ったりしま

す。どういうところが関連するか一緒に説明してもらってもよいでしょう。

　子供だけに想起を求めるのではなく、大人と交互に埋めていっても構いません。その場合、大人は子供が想起できそうな語を避けて、子供が自力では思いつきそうにない語を挙げていきます。あるいは、大人が子供に助けを求めたり（『海』というテーマに対して「水中でゆらゆらしている、傘のような形をした生き物は何だったっけなあ」）、意図的に誤った答えを挙げて（「おたまじゃくし」）、子供に不適切さを指摘する機会を与えたりするのもよいでしょう。

　なお、指導場面で語想起課題を行った場合、最初は少し時間がかかるかもしれません。しかし、同じキーワードを用いた場合、２度目や３度目の方がスムーズに想起できるでしょう。そこで、あるキーワードを用いた語想起課題は、１日の指導の最後や次回の最初などに、もう一度取り組みます。前回よりもスムーズに、あるいは前回よりも多くの言葉を挙げることができたことをほめるようにして、自信や意欲を高めていきます。語想起課題に取り組むときには、制限時間を設定して行ってもよいでしょう。

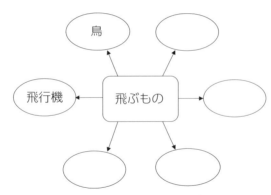

図18　語想起課題で用いる「ひらめきマップ」のワークシートの例

（２）言葉を一列につないでいく

　前述のひらめきマップでは、キーワードを中心にして言葉が広がります。しかし、子供が挙げた言葉を新たなキーワードとしてさらにつなげていっても構いません。一度に３つつなげていくことを一区切りにして、次の人と交替してもよいでしょう。作文などの文章表現では、発想の羅列ではなく、筋の通った連続性のある表現が求められます。したがって、言葉を一列につないでいくことも重要です。図15（76ページ）の下の図のように一列につなげて伸ばしていったり、四方に長く伸びていくひらめきマップが出来上がった場合は、その枝葉からひとまとまりのつながりを選択します。最初のテーマか

ら逸脱しすぎない言葉のつながりを選んでいくことが大切です。必要に応じて一語ずつカードに書いて、再度配列しなおします。

（3）ヒントを段階的に使用する

　言葉の想起が難しい場合、大人がヒントを与えることがありますが、提示するヒントには主に以下の3つの種類があり、それぞれの働きは異なります。目的に沿って、段階的にヒントを用いることが効果的な指導につながります。

1）**意味的ヒント**：想起してもらいたい言葉が『いちご』の場合、「くだもののなかまです」「ミックスジュースに入っていることがあります」というように、上位概念を含めた言葉の定義や、目で視覚的に捉えにくい特徴をヒントとするものです。「食べるとあまずっぱいです」という感覚的なヒントは、目で捉えることができない特徴を述べているという点で、意味的ヒントと見なしてよいでしょう。また、「ごはんの後にデザートとして食べることがあります」といった、経験にもとづいて想起してもらうための手がかりも意味的ヒントと言えます。

2）**音韻的ヒント**：「『い』で始まる言葉です」「3つの文字で書かれる言葉です」のように、言葉の音の特徴に関するヒントです。『い○○』と文字に書いて提示することも含みます。

3）**視覚的ヒント**：「赤くてツブツブがついています」など、目で見た特徴を言葉で表現したり、絵でその形を描いて見せたりするヒントです。

　このなかで、最も想起に至りにくいのが意味的ヒントであり、日常場面で言い淀みを生じてしまうのも、「言いたいことは頭のなかにあるけれども、言葉が出てこない」という状況です。したがって、指導において練習を積みたいのが、日常場面に近い、意味的ヒントにもとづく語の想起です。まずは意味的ヒントを提示し、それで想起できなければさらに別の意味的ヒントを与え、それでも難しければ音韻的ヒントを与えます。

　音韻的ヒントは、「『い』で始まる」と言われて、「いす？いるか？いぬ？いちご？あ、イチゴだ」のように、意味的関連性と無関係にランダムに語を想起するなかで、偶然、口にした言葉から正解に至ることがしばしばあります。したがって、音韻的ヒントよりも意味的ヒントを優先して考えてもらいます。

　子供を最終的に正答に導きやすい手がかりは視覚的ヒントでしょう。必要に応じて最後に絵カードなどで正答を確認する、という流れでヒントを出すように計画立てるとよいでしょう。

柔軟性

3 状況理解力を高める

指導のやりとりの例

◆出来事の前後を含めたストーリーを考える

「一緒に道を歩いていた友だちが急に立ち止まり、自分のカバンを道の上に置いて、カバンのなかに入っている物を出し始めました。この前にあったことや、このあと起こることを考えて、お話を作ってみましょう。」

◆出来事の原因をできるだけたくさん考える

「友だちと待ち合わせをしていたのに、20分待ってもまだ来ません。どうして来ないのだと思いますか？　考えられることをできるだけたくさん挙げてください。」

解　説

　日常生活はいつも同じ出来事が同じ流れで起こることはなく、私たちは臨機応変にふるまわなければなりません。自分の身に何か起こった場合（例えば、背中に何かが当たった）、何が原因でそうなったのかを推測できれば（「うしろに並んでいる子のひじが当たったのかな」）、自分の思い込み（「たたかれた」）で機嫌を損ねたり、誰かを責めたりせずにすむかもしれません。気持ちの切り替えにもつながるでしょう。また、出来事（帰ろうとしたら雨が降ってきた）のあとに何が起こりうるのかについて柔軟に推論できれば（「空は明るいからすぐにやみそう」）、トラブル（「濡れて帰ってお母さんにおこられる」）は避けられるかもしれません。このような状況にともなう原因や結果の可能性に関する柔軟な思考には生活場面の経験が大切ですが、架空の状況について考えをめぐらせることも助けになります。そこで、いくつかの活動が考えられます。

（1）出来事の原因や次に起こり得る状況を考える

　ある状況を絵や言葉で提示します。例えば、服がすっかり濡れてしまっている男の子について考えてみましょう。カサを持たずに外にいるときに急に雨が降ってきたということが原因かもしれません。また、このあと、家に帰って着がえたけれども風邪をひく、ということが起きるかもしれません。このように、出来事を与えて、なぜそうなっ

たのか（理由）、このあとどうなるのか（結末）などを考えて、お話を作ってみます。できれば、「いつ」「どこで」などの５Ｗ１Ｈの情報や、登場人物の気持ちなどにも触れたお話になるとよいでしょう。

　また、架空の状況の原因を推理する「探偵クイズ」も面白いでしょう。下の場面は、いずれも予想に反する状況であったり、一般的とは言えなかったりする光景です。その原因について複数の可能性を考えてみましょう。

　・「部屋のなかには誰もいません。でも部屋の明かりがついています。」
　・「今日はとても良い天気です。でも家の前には濡れたカサが立てかけてあります。」
　・「お祭りに行きました。クラスの友だちもみなお祭りに行くと言っていたのに、知っている人には出会いませんでした。」

（２）因果関係ひらめきマップを活用する

　先の「２　語想起の柔軟性を高める」で紹介した「ひらめきマップ」は、関連する言葉を想起する目的以外にも使えます。ある状況を絵や言葉で与えておき（例「男の子がころんでいる」）、なぜこうなったのか、その原因をいくつか考えてもらうことができます（図19）。矢印は原因から結果に向かって伸びます（「石につまずいた」➡「男の子がころんでいる」）。また、考えついた原因のひとつを取り上げて、さらにその前に起こったと思われる出来事、あるいは、ころんでいるという状況の後に何が起こるかをできるだけたくさん挙げてもらうこともできます。

　また、『状況』の意味は広いので、「筆箱に入れておいたつもりの消しゴムが入っていない」といった予期せぬ場面や、「友だちが怒った顔をして自分の方を見ている」といった感情にかかわる出来事を設定してもよいでしょう。

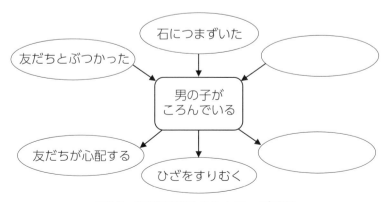

図19　因果関係ひらめきマップの例

指導事例6

語想起を円滑にする指導

■ 児童の実態
言葉を思い出せず、話したいことをうまく言語化できないので、伝わりやすく話すことが難しいです。何度も質問したり聞き返したりすると、話すことが面倒になり「忘れた」と言って話を終わらせようとします。LCSAでは、「語彙知識」「柔軟性」が特に低い結果となりました。

1 指導方法

言葉の地図（ひらめきマップ）作りを行いました。中心となる言葉（例えば「夏」）をひとつ決め、「夏に関係のある言葉は？」「夏と言えば？」などと尋ね、子供から言葉を引き出します（図20）。関連する言葉を次々に一本の線でつなげて書きますが、ひとつの言葉から複数の語が想起された場合には枝分かれさせていきます。また、別の枝で書いてあった語にも意味が関連する言葉を想起した場合には、線が複雑になりすぎない範囲で別の枝の言葉とも線で結びます。本児の言った言葉だけでなく指導者も書くことで、新しい言葉にも触れさせます。指導者が出した言葉で、子供にとって初めて聞く言葉や意味の分からない言葉はインターネットや図鑑などで調べます。

2 結　果

はじめはひとつの言葉に対して、ひとつの関連する言葉しか書けず、直線的なひらめきマップになってしまいました。繰り返し行うことで、次第に関連する言葉をいくつもつなげることができるようになり、語と語の関連を意識するようになりました。

新しい言葉をインターネットや図鑑で調べることにより、理解できる語彙（理解語彙）の数も増えていきました。

会話をする際にも、相手の反応によっては、言葉を重ねてより詳しく話をする場面も見られるようになり、表現のなかで使える語（表出語彙）のレパートリーの拡大にもつながりました。

第3章　LCSA にもとづく指導の実際　　101

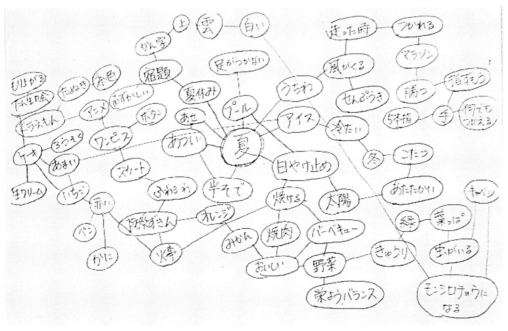

図20　言葉の地図（ひらめきマップ）

柔軟性

事例報告 4

語彙が少なくコミュニケーションが取りにくい児童への指導
―母語が日本語でない子供の指導―

■ 児童の実態と指導方法の概要

「説明を聞いても理解するのが難しい」「相手の言っていることが分からずけんかになってしまう」小学 4 年生の男児。家庭では母親とは外国語で会話をします。言語理解力を高めることと、友だちとのかかわりを増やし、自分の思いを言葉で表現できるようになることを目標に指導を実施しました。指導の過程では、まずは自分の思いを話せる場を作ることを一番に考え、本児の気持ちに寄り添い、話し相手への意識をもたせるように配慮しました。言葉も増え、自分の思いが出せるようになってきたとともに他者意識も高まり、指導を開始してから 2 年間で学校生活も楽しめるようになりました。

---

1 児童の実態

（1）主訴など

小学 4 年生の男児。説明を聞いても理解するのが難しい、宿題の間違えを教えようとするとカッとなるところがあるという主訴で、3 年生の 4 月から通級指導を開始しました。

（2）生育歴

両親と本児の 3 人家族。家庭での主な話し相手である母親は外国語を母語としており、母親とは外国語で会話をしています。幼稚園に 1 年半通っていましたが、友だちには思いやりがあり優しい半面、言葉が伝わりにくいことから性格が徐々にきつくなっていったと母親は感じています。家庭では、母親としばしば口げんかになってしまいます。

（3）学校生活

家庭では外国語での会話が多く、学校では日本語という生活です。小学校に入学後は、できると思うものはするが、自分が難しいと感じるものはしないという様子がよく見られました。2 年生の途中から家庭の事情で半年ほど海外に行っていましたが、その間、海外の現地校や日本人学校に行くことはなく学習指導は受けていませんでした。

（4）諸検査の結果

絵画語い発達検査（PVT-R）（8 歳 9 ヵ月時）では、語彙年齢（VA）6 歳 3 ヵ月、SS

3という結果でした。

2 LCSAの結果

3年生の2月に実施したLCSAでは以下の結果が得られました。

LCSA指数69　　リテラシー指数93

下位検査		評価点	
Ⅰ　口頭指示の理解	➡	1	
Ⅱ　聞き取りによる文脈の理解	➡	6	
Ⅲ　音読	➡	9	リテラシー
Ⅳ　文章の読解	➡	11	リテラシー
Ⅴ　語彙知識	➡	1	
Ⅵ　慣用句・心的語彙	➡	3	
Ⅶ　文表現	➡	7	
Ⅷ　対人文脈	➡	7	
Ⅸ　柔軟性	➡	7	
Ⅹ　音韻意識	➡	7	リテラシー

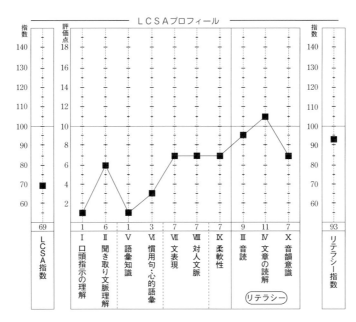

　以上のように、「口頭指示の理解」「語彙知識」「慣用句・心的語彙」が低いという特徴がみられました。

3 指導方針・方法

　LCSA の結果から「口頭指示の理解」と「語彙知識」が低いことが明らかになったので、言語理解力を高めることと、語彙を増やし自分の思いを言葉で表現できるようになること、友だちとのかかわり方を学ぶことを長期目標としました。理解語彙と表出語彙を並行して豊かにし、表現力も高めるために言葉で言葉を説明する活動や、反対の意味の言葉を想起する、学んだ言葉で辞書を作る、自分の思いを話すために行事を説明するといった学習を実施しました。指導にあたっては、本児の気持ちに寄り添うことで話し相手への意識をもたせ、自分の思いを話しやすい場を作ることを重視しました。

4 指導経過

　2 年間を I 期から IV 期までに分け、指導を行いました。

I 期

指導目標	指導方法・指導内容	本児の様子・結果
理解語彙を増やす。	用意するもの：絵カード（すずき出版） 指導手続き：「言葉遊び」では、絵と言葉を線でつなぐマッチング、絵カードを用いたカテゴリー分け（「ノート・消しゴム・クレヨン」＝「勉強で使うもの」など）を行う。	カテゴリーごとに知っている言葉を集める活動を行ったことで、分からないことは本を見るなど意欲的になった。 犬と人について同じ数え方をしていた（「ひとり、ふたり」）。
友だちとのかかわり方を知る。	用意するもの：記録用のカード（児童からでた友だちの名前を記録） 指導手続き：毎回、話題になったことを記録カードに記入していく。特に友だちの名前や行ったことについて、児童が見て分かりやすいように記録する。場合によっては、図に表していく。	まだ相手の気持ちに目を向けるまで育っていない。言語面での友だちとのかかわり方を知らないのか、気持ちのコントロールや行動面での幼さなのか。
自分の思いを話す。	指導手続き：「お話しタイム」では、担任との情報交換をもとに、児童が学級のなかでどのような位置にいて、どのような生活を行っているかを把握する。そこから得た情報をもとに、児童が話しやすい話題を提供する。「お話しづくり」では、こぐま会のおはなしづ	話をする機会が多くなった。身近なことなら 3 〜 4 語文で話をするようになってきたが、友だちの話題がまったく出てこない。しかし、転校生がきっかけとなりクラスのことをたくさん話すことが増えてきた。

第3章　LCSA にもとづく指導の実際　　105

くりカードを用いて、4枚カードを順番に並べ、自分で見て気づいたことを話す。共感が得られる、緊張せずに安心して話せる場を作る。

Ⅱ期

指導目標	指導方法・指導内容	本児の様子・結果
助詞の使い方を知り、助詞を適切に使って話したり書いいたりする。	用意するもの：「がでにを練習ワーク」（葛西ことばのテーブル） 指導手続き：児童がその場で話をした言葉を記録する。記録した言葉を短冊カードに書いて、言葉と言葉をつなぐときに「は・を・へ」「が・で・に・を」のどの言葉を選んだら自然な文になるかと確認をしていく。 〔が〕〔を〕〔て〕 〔ごみばこ〕〔に〕〔すてる〕 〔タオル〕〔ふく〕	「は・を・へ」「が・で・に・を」とも、文のなかに正しく入れられるようになり、間違いも見つけられるようになった。外国に興味が強く、国名を使って「が・で・に・を」を入れていった。助詞が間違っていると聞き手や読み手に分かりにくいことについても気づくことができた。
友だちとのかかわりをもつ。	用意するもの：将棋やオセロ、百人一首を用いた坊主めくり 指導手続き：ゲームを始める前に本人にルールを決めてもらい、守るようにする。	ゲームのなかで、ずるさが見られるようになってきた。「こんなことをするとどうかな」と問うと相手からの受け止められ方に気づくようになった。 「負けそうになったときに負けたくないためにやめてしまう」という状況についてその場面の絵を交えて話し合った。適切な行動でない理由は分かっていても言いたくないと言わないところがある。
自分の思いを話す。	指導手続き：（I期と同じ）	身近な話題では話が出にくいので、お話づくりを始めた。お話を作っていくなかで、その時自分はどう思ったかが言えるようになってきた。 母と旅行に出かけた話を嬉しそうにしていた。地名と特産物が食い違うことがあるが、間違いを直すことを嫌がる。

柔軟性

Ⅲ期

指導目標	指導方法・指導内容	本児の様子・結果
表出語彙を増やす。	用意するもの：絵カード（すずき出版） 指導手続き：身近な学習用具や生活用品をもとに説明をしてもらう。（例：「鉛筆は字を書くときに使います。間違えたときは、消しゴムを使って消します。」）	身近なものなら説明ができるようになった。表現の仕方が分からないときは、教えると納得できる。分からない言葉が出てきたときは、辞書を使って意味を調べて理解していた。家庭にあるものにも目を向けさせたい。
聞いて理解する力を伸ばす。	用意するもの：『ちびまる子ちゃん反対ことばカード』（永岡書店） 指導手続き：反対言葉カードを使い、反対の言葉に慣れることから始める。慣れてきたら、「砂漠は熱い。南極はすごく寒い。」などの文を作ってノートに書きためていく。	反対の意味の言葉をつかって話を広げることをしてきた。予想以上に語彙を知っていて、文にして話すこともできる。簡単な言葉だけを選んで文を作ろうとするので、難しい言葉も取り入れられるようにしていきたい。
自分の思いを話す。	指導手続き：学校での一年間の行事を提示して、意識づけをする。その行事が近くなるころに再度に伝え、行事終了後、指導場面で何をしてどうだったのかなどの話をする。必ず手本を聞かせてから、児童に話してもらう。	運動会や出かけた話をした。一番長く話をしたのは海外に行ってきたことで、かなり詳しく説明した。家庭での話題が多くなってきた。

Ⅳ期

指導目標	指導方法・指導内容	本児の様子・結果
今まで得た語彙を使って話をする。	用意するもの：記録用ノート 指導手続き：毎回の指導で話をすることを続けてきたためか、通級に来たときは話すものだと意識している。記録ノートを見て振り返ったり、クラスであったことを指導者側から話してみたりすることで、話を引き出す。児童が話したことに対して、常に共感を心がけ、間違った言葉づかいには、否定するのではなく、最後に書いて説明をして、どちらが自分の伝えたい言葉に近いか選択させる。辞書も活用する。	覚えた言葉を正しく使い、間違いにも気づけるようになってきている。考えながら話をするようになってきた。話したい気持ちが強くなってきているようで、言いたい言葉が出てこないときは、必死に思い出そうとするときがある。
自分の思いを話す。	指導手続き：（「行事」はⅢ期と同じ）	自分の思いをたくさん表現できるようになってきている。家族の話をしたがり、恥ずかしそうにしながらも話をしてくる。

初回評価から1年後に再度アセスメントを行ったところ、以下の結果となりました。

LCSA指数83　　リテラシー指数91

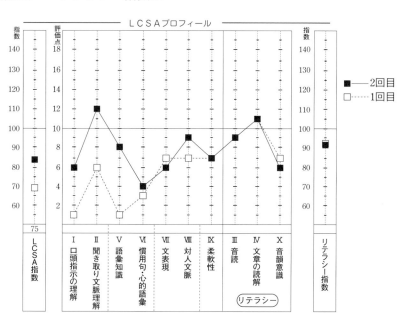

5 指導経過のまとめ

Ⅰ期は通級に慣れることから始め、7月から少しずつ語彙を学ぶこととしました。例えば、野菜の仲間集めをして、そこにでた野菜を使った料理を考えるなどして言葉を広げたり、図鑑を見て魚や動物の仲間を見つけたりする活動を行いました。使える言葉に偏りはありましたが語彙同士のつながりはできてきました。

Ⅱ期は、正しい助詞の使い方を覚えて文作りに展開する活動を始めました。助詞は、プリントを使って「が・で・に・を」を入れていったところ、選択数が少ないので選びやすく、すぐにできるようになりました。助詞を入れ間違えると意味が変わってしまうことを最初に説明したことで、助詞が入れ替わると意味がこんなにもおかしくなると自分から話すようになりました。文作りでは、主語と述語を線でつなぐことから始め、2〜3回繰り返すと、身近な言葉を使って2語、3語から成る文なら作れるようになりました。本児は、教えられる経験があれば身につくことがうかがえました。

Ⅲ期は、人間関係も良くなり、会話も増えてきました。しかし、内容が深い話をするときに難しい言葉が出てくると意味がわからないまま話を続けてしまうことがあるようでした。語彙を増やした方がよいのか、それとも今もっている語彙を使えるようにした方がよいのかに迷いました。

Ⅳ期に実施した2回目のLCSAの結果からは、「口頭指示の理解」と「聞きとり文脈の理解」、「語彙知識」の評価点が前回の結果からかなり伸びたことが明らかになりました。本人の話している内容も伝わりやすくなっているという印象とも一致します。また、担任の報告によると、相手の言っていることも本児はより理解できるようになり、冗談を言って返せるようになってきたとのことでした。家庭でも会話が増えて行動も落ち着いてきたとの報告もあったため、主訴改善と判断され、年度末に通級による指導は終了となりました。

音韻意識

1 音韻意識に困難がある児童とは

音韻意識に課題がある児童のプロフィールの例を以下に示します。

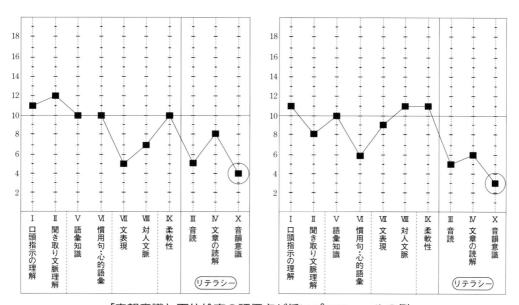

「音韻意識」下位検査の評価点が低いプロフィールの例

音韻意識が十分に育っていないことから、児童によっては以下のような言語面の特徴を示すことがあります。

- ▶ 音読がたどたどしく、文章を読むのに時間がかかる。
- ▶ しりとり遊びのように音をヒントにする言葉遊びが苦手である。
- ▶ 仮名で言葉を書くときに、長音や促音（「っ」）を書き落とす。
- ▶ 書き誤りを指摘されることが多く、文字を書くこと避けたがる。

2 さまざまな課題を通して音韻意識を高める

指導のやりとりの例

◆言葉を拍の単位に分解する

「『かたつむり』はいくつの音に分かれますか？」

◆クイズを通して音韻意識を育てる

「『くるま』から『ル』を抜いたら何になりますか？」

◆文字を配列して言葉を作る

「ここにあるカタカナのカードを並べると『サンドイッチ』になりますが、
1枚足りません。どの文字が足りないでしょうか？」

解 説

　音韻意識は言葉を構成する音の組合せを意識化する力のことを指します。例えば「はさみ」は「は」「さ」「み」の3つの拍（モーラ）からなることを意識し、拍の単位に分解したり、逆順から言うことを求められ「み・さ・は」と言ったりするのは音韻意識を使った活動です。

　音韻意識が重要である理由は、言葉を仮名文字で表記し、特に促音（「っ」）や撥音（「ん」）、長音という特殊拍を正確に書くときの土台となるからです。文字での表記を知らずに「公園」という言葉を聞くと、最初の音節は「コー」です（『音節』は母音を中心とする音のまとまりであり、日本語では「ア」のような母音、「カ」のような子音＋母音の組合せ、「アン」や「カン」のような母音の後の「ン」を含めた音のまとまりの単位になります）。「公園」の最初のひとつの音節を仮名で表記する際には、「こう」と2つの拍に分けて書かなければなりません。「新幹線」も発音する時には「シン・カン・セン」と3つの音節に分かれますが、拍の単位では「ん」を加えた6拍の言葉です。最も難しいのは促音で、無音の時間を「っ」で表記するには、拍のリズムを認識していなければなりません。このように、仮名文字で正確に表記するためには、拍の単位の音韻意識が育っている必要があります。なお、ローマ字を学習するときには、ひとつの音節をさらに子音と母音に分けるという音韻意識が求められます。したがって、音韻意識に苦手さのある児童では、ローマ字学習において一層の困難を経験することが予想されます。

第3章　LCSAにもとづく指導の実際　111

　しりとり遊びは音韻意識を活用する典型的な活動のひとつですが、このほかに以下の
ような課題が一般的に用いられます。

- **分解**：言葉を拍の単位へ分解する（「『かたつむり』を一つひとつの文字に分けるといくつになりますか？」）
- **逆唱**：音の配列順序を逆にする（「『たまご』を逆さから言うとどういう言葉になりますか？」
- **同定**：特定の音が語のどの位置にあるかを判断する（「『ロケット』の「ッ」は何番目になりますか？」
- **削除**：特定の音を削除した音形を想起する（「『カメラ』から「ラ」を取ったら何になりますか？」

（1）言葉を拍の単位に分解する

　言葉を拍の単位に分解できることが、音韻意識の基本です。しりとり遊びも言葉の最初と最後の拍について考える必要がありますが、言葉の一部ではなく、すべての拍について意識を巡らせることが大切です。

　拍に分解することを学ぶ際には、耳（聴覚）だけでなく、目（視覚）や身体（運動）を活用することが効果的な学習につながります。「た・ま・ご」と言いながら手をたたくといった動作を行う方法は、道具を必要としないことや、複数の子供が同時に行えることが利点です。しかし、音や動作は消えていくので、最後に振り返りをしにくいという弱点もあります。振り返りができるように、拍の数の積み木を並べていくのも一案ですが、積木遊びを始めてしまう子供もいるので、遊びに発展しにくい教材の方がよいでしょう。そこで、個別指導場面であれば図21の左側のような丸の列を使います。はじめに「いす」「たまご」のように、特殊拍を含まない単純な2拍語や3拍語を使って、1拍ずつ言いながら、同時に指で丸を押さえていき、いくつの丸の列がその言葉に合っているかを判断してもらいます。「見ながら」「動かしながら」「言う」という〈視覚＋運動＋音〉の連合を最大限に活用します。要領をつかんだら、「かたつむり」のような拍数の多い語を織り交ぜて練習します。そのあとで、「ロケット」「新幹線」のような特殊拍を含む言葉に移行します。

　図版のかわりに、図21の右の写真のように安価な製氷皿を一列に切って使ってもよいでしょう（薄い樹脂でできていて6つ以上のくぼみがあることが望ましい）。拍のリズムで発音しながら凹面に指を入れていくことで、視覚と指の運動がより強く体感できます。

音韻意識

なお、子供の誤った分解をおとなが指摘し続けると、課題に向き合う子供の意欲を低下させます。子供には自己修正する力を身につけてもらいたいので、自分の行為が適切だったかどうかを自分自身で判断できるような手立てが必要です。そこで、特に特殊拍を含む言葉を使う際には、「しんかんせん」などと、あらかじめカードに文字で書いておきます。大人が正誤を指摘するのではなく、子供自身に文字と自分の選択した丸の数を見比べて、適否を判断してもらうようにします。

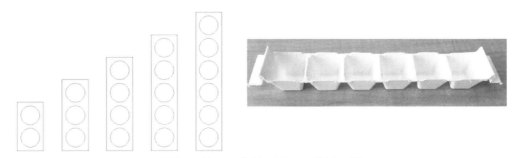

図21　拍への分解に用いる教材の例

（2）ワーキングメモリーを活用するその他の音韻意識課題を行う

　拍への分解を含め、音韻意識の課題を行うには聴覚的（音韻的）ワーキングメモリーの活用が必要です。特殊拍の書き落としが多い子供ほどワーキングメモリー課題に苦手さが見られる傾向があります。ワーキングメモリーを活用する以下のような課題を行い、音韻意識を高めていきます。

1）**逆唱（さかさ言葉）**：「『はさみ』を反対から言うと？」といった逆唱は代表的な音韻意識課題のひとつです。なお、逆の並びにした言葉を大人が提示し（「み・さ・は」）、子供が反対に並びかえると有意味語になるようにした方が、子供は正答を得やすくなり、正答したときの満足感も大きいでしょう。

2）**特定の音を削除した音形の想起（「『○』抜き言葉」など）**：「『カメラ』から『ラ』を取ったらどんな言葉になりますか？」といった「『ラ』抜き言葉」のように、特定の音を抜くクイズを行います。与えられた言葉を頭のなかで拍の単位に分解し、特定の音を削除した組み合わせを再度考えるのには音韻的ワーキングメモリーが必要です。なお、この課題でも、削除した言葉が有意味語になるようにするとクイズとして楽しめるでしょう。

3）**50音順を手がかりにした「暗号クイズ」**：与えられた音節に対して50音順で次の音節を想起し、言葉を作る課題は、上の2つよりも難しい課題になります。例えば、

第3章　LCSA にもとづく指導の実際　　113

「『さ・れ』とはどんな色でしょうか？」という質問では、「さ」の次は「し」、「れ」の次は「ろ」なので、「しろ」が正解になります。レベルが高いクイズなので、「『あ・に』はどんな動物でしょうか？」のように意味カテゴリーも与えます。難しい場合は、文字で書いたり、五十音表を見たりしてもよいことにします。

4) **文字カードによる言葉の構成**：仮名文字がひとつずつ書かれたカードや文字チップを使って、言葉を構成します。文字を配列する作業には、言葉を頭のなかで拍の単位に分解したうえで、該当する文字を探し、順番に配列するという音韻的ワーキングメモリーの活用が求められます。文字カードを探すこと自体が目的ではないので、必要な文字カードだけをバラバラにして提示するとよいでしょう。構成しようとする語に不要な文字も意図的に加えておいたり、「足りない文字もあります」と伝えたうえで必要な文字をひとつ外しておいたりすることによっても難易度が調整できます。

3　特殊拍や拗音に焦点を当てた指導

指導のやりとりの例

◆**促音の有無を判断する**

「私が言う言葉のなかに小さい『っ』が入っているかどうか教えてください。『イチゴクレープ』。では、『ホットケーキ』。」

◆**特殊拍が間違って表記された言葉の誤りを見つける**

「ここに平仮名やカタカナで書いてある言葉には間違いがあります。どこがおかしいかを見つけてください。」

◆**拗音の意識を高める**

「『し』と『や』を続けて言うと『しーや』となります。これを縮めるとどんな音になりますか？」

音韻意識

解　説

　特殊拍の表記に誤りのある子供への指導として、誤りの見られた語について機械的に繰り返し書かせることがあります。しかし、苦手意識をもちながらも努力して書いたのに、さらに誤りを指摘されて繰り返し書かされるとなれば、学習意欲は高まりません。

また、子供は自分が書いたものを見直すように頻繁に求められますが、書き誤りの多い子供に特殊拍の欠けた表記も見せても、その誤り自体に気づきにくい傾向があります。したがって、まずは書き誤りの背景にある音韻意識を高めることが望ましい指導と言えます。先述の方法のほかに、特殊拍により焦点化した次のような手立ても考えられます。

（1）特殊拍に焦点を当ててアプローチする

次のような流れで、特殊拍の表記の正確さを高めていきます。

1）**特殊拍が含まれているかどうかを判断する**：「かた」「かった」などと一語ずつ書いたカードを用意します。「『肩』に『っ』は入っていますか？」「『勝った』に『っ』は入っていますか？」と口頭で尋ねます。大人が正誤の判定を下すのではなく、読み上げたカードを子供に見せて、子供に自分の判断が正しかったかどうかを見きわめてもらいます。2分の1の確率で正答するので、苦手意識のある子供にも取り組みやすい課題です。このような有意味語のペアには、「来て−切手」「ネコ−根っこ」「もと−もっと」などがありますが、無意味語同士を使うことも有効です。

2）**特殊拍の位置を判断する**：拍数に相当する○の列を見せて、「『せっけん』の『っ』はどの○にありますか？」「『ドッジボール』の『ッ』は？」「『ドッジボール』の伸ばす『オ』の音は？」などと尋ね、該当する拍の位置を指さしてもらいます。

3）**特殊拍の位置と音の種類を判断する**：「しぶん」（新聞）、「そじき」（掃除機）、「ほかいど」（北海道）など、特殊拍のない表記を見せて、どこに何が足りないかを示してもらいます。「しっぶん」「そんじき」「ほかいっどう」など、誤りのある表記を用いて、どこをどのように正すとよいかを指摘してもらうのもよいでしょう。

このほかにも、特殊拍が入った言葉を集めるという活動などもあります。

（2）拗音の表記を学ぶ

LCSAでは拗音についての課題は設けていませんが、拗音は習得の難しい表記のひとつです。長音、促音、撥音は1文字で1拍を表すのに対し、2文字で1拍を表す拗音では、「ゃ」などの文字自体は拍を構成しないので、拗音は特殊拍とは呼びません。

拗音に特有の難しさは、組合せの多さにあります。例えば、1文字目の「き」に対して「きゃ・きゅ・きょ」の3つの異なる音があり、さらに「ゃ」のつく拗音には「きゃ・しゃ・ちゃ・にゃ・ひゃ・みゃ・りゃ・ぎゃ・じゃ・ぴゃ」といった多様な組み合わせがあります。子供が混乱するのは無理もありません。そこで、指導にあたって

第3章　LCSA にもとづく指導の実際　115

は以下のような方策をとります。

1）**最初に目標とした2つまたは3つの拗音が定着してから次に進む**：一度にいくつも
の組み合わせを提示するのではなく、まずは2組の対立（例えば「きゃ」と「きゅ」）
のみから始め、定着を図ります。これが安定して読み書きできるようになってから
「きょ」を導入します。別の方法としては、「ゃ」を軸として、「きゃ」と「しゃ」
から始め、「ちゃ」や「ひゃ」などへ展開する流れもあります。いずれの場合も、
混乱を引き起こさないように、最初の目標をマスターしてから徐々に対立する音の
数を増やしていきます。

2）**文字カードを使う**：文字カードを使った指導には以下のようなバリエーションがあ
ります。

・「きゃ」などと書かれたカードを用意し、すばやく正しく読むことを練習します。

・「き」と「ゃ」のそれぞれが書かれたやや縦長のカードも用意して、2枚を組み
合わせて「きゃ」が構成できるようにします。カードを用いることによって、フ
ラッシュカードのように提示できることに加え、子供が自分で「き」と「ゃ」の
カードを組み合わせる機会を与えることによって、文字を書くことに負担を感じ
ている子供にも取り組みやすい課題にします。

・「き」のカードと「ゃ」のカードを離して机上にならべ、「き――や」と読むこと
から始めて、2枚のカードを徐々に近づけていきながら、「き―や」→「きや」
→「きゃ」といった2つの音の合成を経験させることにもカードは使えます。な
お、文字は見せずに「『きや』は『きゃ』」というフレーズを九九のように暗記し
てもらい、その唱え言葉をもとに読めるようにするという方法もあります。

3）**無意味音節と有意味語をおりまぜる**：「きゃ」「きゅ」などの無意味音節ですばやく
読むことができれば、さらに、「きゃべつ」といった有意味語のカードも用意して
練習します。「『きゃべつ』の『きゃ』、『きゅうり』の『きゅ』」などと、特定の語
をキーワードとして拗音事態とペアにして学習していきます。

4）**読みと書きを並行して練習する**：正しく読むことができるようになっても、書くと
きには迷いが生じることがあります。そこで、読んで音にすることと、音を聞いて
書くこととが双方向でスムーズにできるように、並行して練習します。ただし、文
字を書くこと自体に抵抗感のある子供もいるので、先に述べたように「ゃ」「ゅ」
「ょ」のカードを用意して、子供には選択し組み合わせて拗音の音節を形成しても
らいます。

音韻意識

事例報告5

聞いて理解することや話すことが苦手な児童への
音韻意識を育て、語彙を増やし表現する力を育む指導

■ 児童の実態と指導方法の概要

言語発達がゆっくりした児童に語彙を増やす指導を行ってきましたが、本児が実生活で表出・理解する言語にはまだ課題が見られました。語彙知識・口頭指示の理解に弱さが見られたため、視覚情報を使った教材で音韻意識を育てると語彙は広がっていきました。また、言葉をしっかり聞くことにより、その意味を理解し、相手が話すことも聞き取りやすくなってきました。単語を別の言葉で説明させることによって身近な出来事も話しやすくなり、話のキーワードになる言葉を手がかりにして自分の経験したことを時系列に沿って伝えることもできるようになりました。

1 児童の実態

（1）主訴など

小学2年生の男児。言語発達がゆっくりで入学後も単語による会話の状態が続き、言葉でのやりとりが難しいといった主訴で、1年生の2学期に通級指導を開始しました。

（2）生育歴

両親と幼稚園の弟との4人家族。発育は順調でしたが、なかなか言葉が出なかったため就学前に地域の療育センターに通所し言語面での指導を受けてきました。家庭では母の言うことは理解して動けており、弟の世話もしています。幼稚園では友だちや先生とのかかわりはよく、一斉指示は理解できないこともありましたが具体的に示すと行動できていました。

（3）学校生活

小学1年生のときから一斉指示で理解できることは少なく、担任が個別に指示を繰り返しています。話をしたい気持ちはありますが「ぼくね～」の後の言葉が出てこないため、相手に自分の考えを伝えることが難しい様子が見られます。

（4）諸検査の結果

　1年生の3学期（6歳9ヵ月時）に実施したWISC-Ⅳ知能検査の結果は以下の通りです。

　　　　全検査IQ（FSIQ）93

　　　　言語理解指標（VCI）88　　　　　　知覚推理指標（PRI）115

　　　　ワーキングメモリー指標（WMI）73　　処理速度指標（PSI）99

　絵画語い発達検査（PVT-R）（7歳5ヵ月時）では、語彙年齢（VA）6歳3か月、SS 7でした。

2　LCSA の結果

　2年生の7月に実施したLCSAでは以下の結果が得られました。

LCSA 指数62　　リテラシー指数62

下位検査		評価点	
Ⅰ	口頭指示の理解	5	
Ⅱ	聞き取りによる文脈の理解	6	
Ⅲ	音　読	4	リテラシー
Ⅳ	文章の読解	4	リテラシー
Ⅴ	語彙知識	3	
Ⅵ	慣用句・心的語彙	8	
Ⅶ	文表現	4	
Ⅷ	対人文脈	4	
Ⅸ	柔軟性	7	
Ⅹ	音韻意識	4	リテラシー

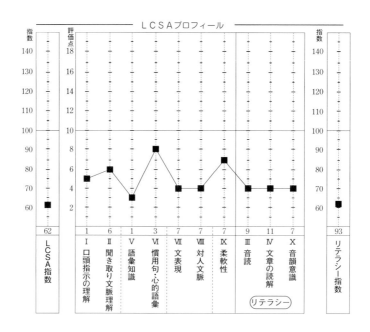

　「語彙知識」「口頭指示の理解」については WISC-Ⅳ のワーキングメモリー指標や、「音韻意識」の評価点の低さからもうかがわれるように、聴覚的な短期記憶の活用の困難とも関連し、単語や文が長くなると聞き取りにくくなるようです。「文章の読解」「対人文脈」から、人の言葉を受け止める力の弱さがあり、「文表現」や「対人文脈」から文を構成することが苦手で、格助詞が上手く使えないため相手に思いを伝えられない実態が示されました。このように本児は言語全般に課題があるという特徴が認められました。

3　指導方針・方法

　LCSA ではリテラシー領域を含めて下位検査の評価点は全般的に低く、会話が成立しにくい背景には、文の理解力と語想起力の苦手さもあると推測されました。そこで、言葉の聞き取りとリテラシー関連の目標として、拍や音節の単位に注意を向けることと特殊拍を学ぶことを通して音韻意識が育つことを第一の長期目標とし、言語表現に関連して、身近な物について関連づけて話し、言葉で言葉の意味を説明できるようになることを第二の長期目標としました。また身近な出来事を通して、語りのプランニングができるようになることを第三の長期目標としました。指導にあたっては、これらの目標を統合し、本児の興味や経験と結び付けて取り組めるような課題も設定しました。

第3章　LCSAにもとづく指導の実際　119

4　指導経過

指導期間を3期に分けて指導を行いました。

第Ⅰ期（2年生4月～7月）

指導目標	指導方法・指導内容	本児の様子・結果
単語を構成する拍の数や拗音の種類がわかる。	用意するもの:すごろくゲーム、サイコロ、拗音を含む音節の文字チップ 指導手続き: 方法1)「言葉のすごろく」 サイコロを振り、出た目の数と同じ拍の数の単語を言いながら、その数と同じだけ自分のコマを進める。これを通して単語の拍数を意識する。 方法2)「拗音のクイズ」 ①拗音を含む音節を聞かせ、文字チップを選択する（図22）。 図22　拗音を含む音節の表 ②発音しながら表に文字チップを配列する。 ③特定の文字チップを選び、その音節を含む言葉を想起する。	すごろくのサイコロの目の数「3」のときに、「りんご」と言いながら1音ずつコマを動かすことができた。動かしながら単語の音と同じ数の拍を確認すると、特殊拍が入る拍数が多い言葉では間違えることがあった。 ①担当が「きゃ」と言って音節を聞かせ文字チップのカードを机上に置き選択させた。「きゃ」「ちゃ」のように2枚程度から始めた。 ②本児が文字チップを見て「きゃ」と言いいながら配列表の同じ文字の上に置き、正答のときは担当が「ピンポ〜ン」と知らせ、間違っているときには一緒に音を確認して並べさせた。 ③担当がヒントをあたえると拗音が語頭に入っている単語について「きゃべつ（野菜）」や「きゃらべん（お弁当）」のように本児が日常生活で使っているものについて想起できた。
単語の意味を説明する。	用意するもの:説明の対象となる身近なものの実物や絵カード（「鉛筆」「消しゴム」「帽子」など） 指導手続き:身近なものを実物や絵カードで提示し、どんなときに使うものなのか答える。言葉が選べずなかなか答えられないときには「筆箱のなかに入っていて、ノートや連絡帳と一緒に使う物ですね」と使う状況を言語化して例示したうえで、「どんなことをするときに使う?」などと再度質問をして促す。	「字を書くときに使う」「消すときに使う」など、行動がともなうものについては答えられた。身近な物や経験のあるものは、ジェスチャーも交えて伝えようとする。未経験のものだとイメージしにくく答えられなかった。

音韻意識

120

身近な出来事を話す。	用意するもの：「いつ」「だれ」「どこ」「なに」と書いたヒントカード 指導手続き：「お話タイム」 会話のなかで、話す際の視点を広げるために学校であったことなどについてヒントカードを見ながら語ってもらう（図23）。	本児の印象が深いものについては、3〜4語文で3文程度なら自分から話すことができた。とっさに言葉が出てこないときには、動作化して表現していた。担当が、言葉を添えながら話を広げた。

いつ　水曜日にぼくは
だれ　とこやさんで
どこ　切りました。
なに　かみの毛を
しょう店がいのちかくの
とこやさんです。

図23　お話タイム

第Ⅱ期（2年生9月〜12月）

指導目標	指導方法・指導内容	様子・結果
拗音の入っている単語を見つけて書く。	用意するもの：拗音の入っている言葉の絵や写真 指導手続き：拗音の入っている言葉の絵や写真を提示し、そのなかから本児が興味のあるものを選び、単語を唱えながら、拗音や特殊拍の位置を意識して書く練習を行う。	単語を書いた後に、担当と一緒に復唱したことで本児が間違いに気づいた。音がわかっても文字が思い浮かばず、拗音や特殊拍の表で確認した。
単語を説明する。	用意するもの：説明の対象となる身近なものの実物や絵カード 指導手続き：写真や絵カードを見ながら身近な物の名称や特徴、機能などについて知っていることを話す。	「にんじんは野菜の仲間、カレーに入っている」など、名称以外に写真や絵に書かれていないことも想起して話せた。
身近な出来事を話し、自分の思いも入れる。	指導手続き：身近な出来事を話すときに感情を表す言葉を入れて話すように導く。「よかった」「楽しい」「うれしい」などの理由やほかの言葉に置き換えられないか一緒に考える。	一つの場面だと相手に伝わるように話すことができるが、時間経過など内容が多くなると絵や動作を交えて話すことが多い。
4枚程度の連続した場面を見て説明をする。	用意するもの：昔話や起承転結のある生活場面の絵や写真カード 指導手続き：絵や写真カードを見て流れに沿って話しをする。	すべてのカードを提示すると、自分で見通しをもって最後まで話せるようになった。場面ごとに「はじめに」「次に」「そして」「それから」「最後に」と言いながら話す。

第3章　LCSA にもとづく指導の実際　121

第Ⅲ期（2年生1月〜3年生5月）

指導目標	指導方法・指導内容	様子・結果
単語のなかで拗音・促音の入っている位置が分かる。	用意するもの：拍数を確認するためのシールまたはボトルキャップ 指導手続き：「音あてクイズ」 方法1）単語に拗音・促音が入っているか「あるなしクイズ」をする。 方法2）単語の拍の数だけシールを貼ったり、ボトルキャップを置いたりする（図24）。拗音や特殊拍は小さいキャップを使用（「きゅうり」→「●●●」；「ロケット」→「●●●」）。 図24　拗音をしっかり聞くクイズ	単語の拍数と拗音や特殊拍の位置をボトルキャップや小さいキャップを置きながら確認した。視覚情報と操作が有効だった。 絵を見て単語を思い浮かべ、拗音や特殊拍が入っているか文字に書いて確認していたが、次第に書かなくても分かるようになった。
単語（教室にあるもの）を説明する。	用意するもの：掃除用具や教室にある物を描いた絵カード 指導手続き：掃除用具や教室にある物について絵を見ながら話す。身近な物同士で複数の絵カードをグループ分けしながら説明をする（例「ぞうきんとバケツ」「ほうき、ちりとり、ごみ箱」「黒板、黒板消し、黒板消しクリーナー」）。	本児が動作化した動きに「ぞうきんをしぼる」など言葉を添えて教えた。はじめの頃は「ほうきと（無言）を使って、ごみ箱に入れる。」など想起できない言葉（「ちりとり」）を動作化しながら話していた。次第に「バケツに水を入れてからぞうきんを洗う。」など、言葉だけで説明するようになった。
身近な出来事を時系列に沿って話す。	用意するもの：話題にするヒントとなる写真やパンフレットなどの資料 指導手続き：家庭で経験したことや学校行事について自分でキーワードになる言葉をメモに取って整理して話をする。 はじめはしおりや入場券、写真などを見ながら家庭で保護者と話をし、その話を担当と一緒に簡単に書きとめ整理する。慣れてきたら自分で取り組めるようにする。	遠足のしおりを見ながらキーワードを見つけ、活動したことを順番に話すことができた。 家族でバーベキューをしたことを思い出しながら時系列に沿って話すことができた。また場面ごとに様子を表す言葉や気持ちも入れて話すことができた。

音韻意識

音韻意識を育てる指導では、聞き取りが苦手なので文字や視覚情報に置き換えて整理をしました。第Ⅰ期では「拗音のクイズ」として、音節と文字チップのマッチング、音節と表（配列）のマッチングのほか、「きゅ」のつく言葉集めを行い、「きゅうしょく」「きゅうり」などの言葉のどの位置に拗音があるか確認しました。第Ⅲ期では「音あてクイズ」として、単語を構成する文字とボトルキャップを１音ずつ対応させ（図24）、音をしっかり聞き取り認識し、拗音を含む音節や特殊拍を身近な言葉へとつなげて単語のなかで正しく使えるように導きました。

言語表現を高めるためには、本児の話を共感的に聞き相手に伝えたいという気持ちを高め、話した内容から言葉を選び、その言葉を説明させる活動を行いました。一部についてしか語れない場合には、キーワードを提示したり、あらかじめ提示されたキーワードを並べ替えたりしながら会話を進めました。第Ⅰ期では「お話タイム」において、本児が話した内容を担当が書き、その後「いつ」「どこ」「だれ」「なに」カードを本児に貼らせるようにしました（図23）。足りない内容があると自分で考えて付け足しをするようになっていきました。第Ⅱ期では、自分の思いを伝えられるようにするために、その時にどんな気持ちだったかジェスチャーや擬態語から言葉に置き換えて表現するように促しました。通級で話した「お話タイム」を保護者の前で発表したり家庭でも伝えたりする練習も行いました。

第Ⅱ期から第Ⅲ期では語りのプランニングを行うことを大切にしました。連続性のある絵や写真で示された出来事を時系列に並べ、内容を言葉で表現する活動のなかで、接続詞を使いながら状況を整理し、エピソードや説明を語る練習をすることにより、相手に伝わる状況説明ができるようになることを目指しました。説明できないときには、担当者が説明する言葉を教えたり、言葉が足りないときには付け足したりして手本を示しました。

初回評価から1年4か月後に再度アセスメントを行ったところ、以下の結果となりました。

LCSA指数82　　リテラシー指数78

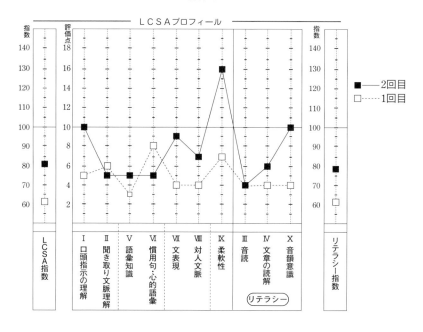

5　指導経過のまとめ

　人の言葉を受け止める力が弱いのは、WISC-Ⅳの結果からワーキングメモリーの低さや、LCSAの「口頭指示の理解」「聞き取りによる文脈の理解」「対人文脈」にかかわる困難が原因と考えられました。さらに、使える語彙が少ないことが明らかになったので、日々のかかわりのなかで語彙を丁寧に教えていくことを心がけて、表現力と理解力を高めていくことが必要と考えられました。

　音韻意識については、3拍語の語中音抽出はできていましたが「逆唱」や「削除」「置換」などの操作は苦手であり、3拍程度の単語の音韻操作から取り組んでいくことが適切と考えられました。音韻意識を育て一つひとつの音を視覚化することにより、しっかり聞き自分の語彙として定着できるようになっていきました。また言葉の語頭と語尾をしっかり聞くことができ拗音、促音の聞き間違いが減りました。知らない言葉に興味をもち、家庭では、母に聞いたり辞書で調べたりと、言葉の知識を広げる意欲が高まりました。

　相手に思いが伝わらないのは、「文表現」や「対人文脈」の弱さから状況を言葉に置き換えて文章を構成することが苦手で、格助詞が上手く使えないことも影響していまし

た。支援の手立てとして、本児が説明できないときには関係する言葉を教え、語彙が足りないときには言葉を付け足し、手本を示すことで相手に伝わる話し方を身につけていきました。単語カードの提示の工夫やゲーム性を取り入れることなどを指導の手立てとして活用することで、楽しみながらステップアップすることができました。伝わる話し方ができたときに相手からは共感の言葉が返されるという、伝わる喜びを味わうことにより、構文力の向上への意欲が育まれました。

　お話ノートを使いながら、学級や家庭で身近な人が話す様子がモデルとなり、その経験を通して話すことへの不安が減りました。また、自分が話したことを書きとめ、文字化するという記憶を保持するための方略もでてきました。言葉や文の内容を確認しながら話すことができるようになり、教室内で共通の視覚情報を提示するという環境改善も図られたところ、授業での内容理解は改善していきました。在籍学級でも成功経験を重ねてきており本児の自己肯定感が少しずつ高まってきているようです。

音　読

1 音読に困難がある児童とは

音読に課題がある児童のプロフィールの例を以下に示します。

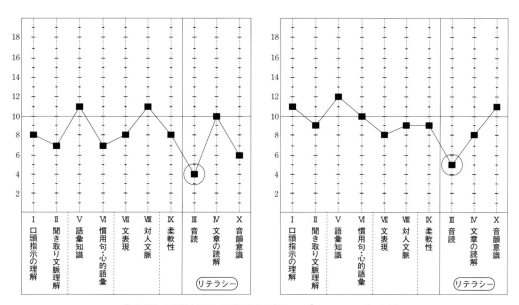

「音読」下位検査の評価点が低いプロフィールの例

音読の能力が十分に育っていないことから、児童によっては以下のような言語面の特徴を示すことがあります。

▶ 音読がたどたどしく、読み飛ばしや読み誤りが多い。
▶ 単語のまとまりで読めず、途中で区切って読む。
▶ 音読を聞いていても、今どこを読んでいるのか目で追えないことがある。
▶ 話のあらすじや文章の要点を読み取ることが難しい。

2 音読の流暢さと正確さを高める指導

指導のやりとりの例

◆書かれた語句を迅速に読む

「これからカードに書いた言葉を見せるので、見たらすぐに読んでください。」

◆文字列のなかから目標となる言葉をすばやく見つける

「これから見せる言葉のなかに食べ物の名前が入っています。できるだけ早く見つけてください。」

◆誤りやすい箇所に注意して読む

「読み間違いやすいところに線が引いてあります。特に線を引いたところに気をつけて、正しく読んでみましょう。」

解 説

　流暢に音読するには、すばやく文字を認識し、対応する音に即座に変換できなければなりません。さらに重要になるのが、一つひとつの文字を「か・た・つ…」と音に変換しながら、同時に、知っている言葉（「かたつむり」）を頭のなかで発見するという作業です。文字の列をひとつずつ音に変換していくのは、下から上へ積み上げる「ボトムアップ」の処理と言えます。これに対して、知識のなかにある「かたつむり」という語彙を見つけることで、「かたつ」と読んだ段階で残りの「…むり」を自動的に埋めていくのは、上から下への「トップダウン」の処理です。

　このように私たちは、読み上げている音の列を頭のなかの語彙と照合させて言葉を検出するという、ボトムアップとトップダウンの並行処理を行っています。ボトムアップだけに頼るといわゆる「逐字読み」になり、反対に、目で文字を追って音に変換する作業よりもトップダウンが働きすぎてしまうと「勝手読み」になると考えられます。音読の苦手な子供には、ボトムアップとトップダウンをそれぞれ効率的に行えるようにする練習が求められます。

（1）言葉のまとまりをすばやく読む練習をする

　教科書のような文章ではなく、文字や単語、句が書かれたカードを用意します。フ

ラッシュカードの要領で、提示した文字や文字のつながりをスムーズに読む練習をします。できるだけ早く読んでもらい、熟達度に合わせて、徐々に文レベルへと移行していきます。カードの利点は、文字の多さに圧倒されて文章を読むことを負担に感じる子供でも、カード形式であれば抵抗感が少なく取り組め、「すばやく読む」という意識をもちやすくなることです。また、枚数をこなしていくことがゲーム感覚を生むこともカードの長所です。国語の授業の先取り学習として、次に学ぶ単元に出てくる言葉で取り組むのもよいでしょう。短い語句で十分に練習し、子供自身が「もっと長くしてほしい」と言うくらいに自信を育てていきましょう。

（2）言葉のまとまりを捉える練習をする

　音読が苦手な児童は、単語のまとまりとして平仮名を捉える力が弱い傾向があります。これはトップダウン処理の働きにくさに関連します。そこで、文字列を意味のあるまとまりとして把握する次のような単語検索課題を行います。

・**語への分割**：名詞のみから成る文字列（「いすそらねこつくえりす……」など）を提示し、単語で区切る（「いす／そら／ねこ／つくえ／りす……」）。
・**目標語の検索**：名詞のみの文字列（「いすそらねこつくえりす…」など）を提示し、目標となる言葉（『動物のなかま』など）を探す（「ねこ」「りす」）。
・**有意味語の検出**：ランダムに並んだ文字列（「くけもとりむた…」など）のなかから有意味語を探す（「とり」）。

　併せて、文や文章を単語や文節の区切れ目を考えて印をつける練習を行います。

（3）読み誤りが起きやすいところを意識的に練習する

　子供によっては、音読の際に読み間違いやすい特定の語句や、文のなかでの位置があるかもしれません。その場合、以下のような方法で、読み誤りやすい箇所を意識して読む練習をします。

・読み誤りやすい語句に線を引いて目立たせる。
・助詞に印をつけたり、丸で囲んだりする。
・文末を読み間違える場合は、文末にマーカーで色をつけておく。

　線を引く、印をつける、マーカーを使うなど、特定の文字を目立たせるさまざまな方法がありますが、消すことのできる鉛筆やペンは、間違えずに読めるようになったら消せるという利点があります。

3 教材の調整や音読の工夫により読みやすくする

指導のやりとりの例

◆**文節で区切った文章を読む**

「文節の区切りに印をつけてあるので、言葉の切れ目に注意して読んでみてください。」

◆**指でなぞりながら読む**

「音読しているところから目が離れないように、指でなぞりながら読んでください。」

◆**2行にまたがる言葉をスムーズに読む**

「2つの行にまたがっている言葉を丸で囲んであります。途中で切れている言葉は覚えておいて、次の行の最初と合わせて滑らかに読んでください。」

解 説

これまでは子供の音読する力を伸ばすことに焦点を当ててきましたが、子供が楽に音読できるような教材を用意することも大切です。

・**文節ごとの区切りづけ**：文節の区切りの認知が難しい場合には、分かち書きされた文章や、音読する文章の文節ごとにあらかじめスラッシュや横線を引いた文章を読んでもらいます。

・**なぞり読み**：文字を目で追うボトムアップよりも知っている言葉に頼るトップダウンが働きすぎてしまう、いわゆる「勝手読み」になる場合は、視線が音読や意味理解のペースと同期していないと考えられます。そこで、文字を確実に目で追うことができるように、読んでいる部分を指でなぞる習慣を身につけてもらいます。

・**補助具の使用**：読んでいる間に視線が行から離れてしまい、どこを読んでいるのか分からなくなってしまう子供の場合にも、視線を指で誘導することが有効です。また、定規を行に添えて視線が外れにくくしたり、隣の行が隠れるスリットのあるシートを使ったりして読んでもらいます。

・**行末で分割される語への注意喚起**：行の最後から次の行の頭に視線を移動させるときには、行の最後の文字列（文節の一部分）を頭に留めておきながら、次の行を読み始

めるというワーキングメモリーが必要になります。また、次の行にうまく視線が移動できずにさまよってしまうと、行末から次の行への移行は一層難しくなります。そこで、2行に分割される文節の読みが苦手な子供には、次の行にまたがる文節に印をつけておき、視線を誘導します。

・**教材の拡大**：ページを拡大コピーしておくことにより、文字が読みやすくなる場合があります。指導者が読みの教材を自作する場合には、文字の大きさだけでなく、行間も調整します。

　視線の移動が難しく、読み飛ばしなどがある場合には、すばやい目の動きや文字の識別を向上させる点結びや文字拾いなどのいわゆるビジョントレーニングも選択肢のひとつとなるでしょう。

文章の読解

1 文章の読解に困難がある児童とは

文章の読解に課題がある児童のプロフィールの例を以下に示します。

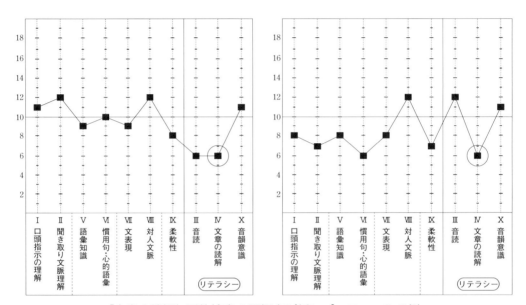

「文章の読解」下位検査の評価点が低いプロフィールの例

読解の力が十分に育っていないことから、児童によっては以下のような言語面の特徴を示すことがあります。

▶ 音読ができても文章の内容を理解できていない。
▶ 話のあらすじや文章の要点を読み取ることが難しい。
▶ 読解問題の問いに対して、読み返しをしないで答える傾向が見られる。
▶ 内容を確認しようと前の部分に戻るうちに、読んでいた箇所を見失う。

2 読解力を育てるさまざまなアプローチ

指導のやりとりの例

◆作り方の手順が書かれた文章を読んで工作をする

「ここに『魚』の作り方が書いてあるので、折り紙で魚を作ってみましょう。」

◆読んだ内容についてキーワードを使った図で示す

「この文章のキーワードを一枚ずつカードに書いていきましょう。」「ではキーワードを並べなおして、文章の内容を振り返ってみましょう。」

◆文章に使われている語彙についてあらかじめ学ぶ

「『ためらう』とはどういう意味だと思いますか？」

解説

　文章の読解には、基本となる音読の力だけでなく、語彙知識の豊富さや文法的な力、「聞き取りによる文脈の理解」下位検査で対象となったような文脈を把握する力など、さまざまな領域の知識や能力が関与します。したがって、読解に焦点化した学習というよりも、これまで本書で扱ってきた課題が文章を軸に展開すると考えられます。

　なお、文章の読解に困難がある児童の指導にあたっては、前述の「聞き取りによる文脈の理解」の「2　さまざまな手立てで聞き取る力を高める」（53ページ）で解説した内容も参考にしてください。

（1）楽しめる活動のなかで文のつながりを読む

　読解に苦手さがある児童は、文章を読むという行為自体に抵抗感をもっていることが多いので、苦手意識にも配慮し、読んで楽しいと思えるテーマの文章を選ぶことが求められます。また、文章を読むことが負担であっても、次のような活動であれば意欲的に読もうとするかもしれません。

1）**宝さがしゲーム**：宝が隠された場所について書かれた文章を「解読」します（「教室のうしろのまどから2つ目のたなにはこがあります。そのはこを開けると次の指示があります」など）。

2）**工作や調理活動**：渡された手順書に従って工作をしたり、レシピに沿って料理をし

たり、書かれたルールに従ってゲームを行ったりすることも、読解を組み込んだ活動です。

３）まちがい探し：既存の文章の一部に手を加えて、不合理さや誤りのある文章に改変したり、新奇な短い文章を作ったりします。例えば、「ライオンは草原のなかで最も強い生き物なので、『動物の王様』とよばれることがあります」という文を次のような文にします：「ライオンは草原のなかで最も強い生き物なので、『動物のお医者さん』とよばれることがあります」。印刷したものを子供に提示し、不自然なところや誤りを見つけてもらいます。単なる助詞や助動詞などの細部の間違いよりも、意味的な不自然さの方が会話も弾みます。

（２）短く単純な内容の文章から徐々に長く内容が豊富な文章へ移行する

　読むことの負担を減らすため、最初は３つほどの文から成るような短い文章や、内容が単純で視覚的な支えもある絵本の読み取りから始めて、文章を徐々に長くしていきます。短い文章で「その」などの指示語が指す内容を理解し、特に逆接の「ところが」などの接続詞を意識し、誰が出てきたどんな話であったかなど、読んだあとに文章を見直さなくても問われたことに答えられるレベルの理解に至るように読み込んでいきます。なお、文章を読むことの楽しさを経験することが大事なので、「いつ？」「どこで？」などと５Ｗ１Ｈの質問をルーティンのように常に問いかけることは避け、読み方にも変化をつけた方がよいでしょう。指導者自身が文章の内容から発見があったことを伝えながら（「へえ、それは知りませんでした」など）、その流れで詳細な情報を尋ねます。子供の応答に対して正誤を判定するのではなく、一緒に内容を反芻するような態度（「確かにここにそう書いてありますね」など）が子供の動機づけを高めるでしょう。長めの文章の場合には、文章を段落に区切って内容を確認していきます。

（３）視覚的な情報を活用して文章を読む

　文字だけで書かれた文章は負担に感じても、挿絵があると抵抗感が薄れます。同様に、挿絵のない文章でも、あらかじめテーマや内容に沿ったイラストや写真をネット上から得て印刷し、文章とともに子供に提示すると読解の助けとなるでしょう。

　視覚的な情報を手がかりとして読むことのほかに、読んだ文章の内容を整理するために、キーワードとなる言葉を取り出して、それぞれの関係を線でつないだり、四角で囲んだり、配置を工夫してキーワードを列挙することで視覚的な助けとすることもできま

す。これについては、後の「リテラシーをめぐるトピック１：自閉症スペクトラム障害のある子供における文章理解の難しさ」の節も参照してください。

（４）文章のなかで使われる語彙をあらかじめ確認する

　書き言葉には日常生活で使われない言葉も多く登場するため、学齢期以降は、特に読むことを通して語彙が増えていきます。新しい語彙は文脈からその意味を推測できることが多いので、読みに困難が少ない児童では、新たな語彙が含まれていても文章の理解を大きく妨げることはありません。しかし、読むことが難しい児童では、語彙が乏しい傾向があることに加えて、文脈から新たな語彙の意味を推測しにくいので、見知らぬ語彙の存在が文脈の理解を一層難しい課題にします。

　そこで、文章を読む前に、なじみのない語彙が文章に登場していないかどうかを子供と確認していきます。日常的に使われる言葉でも、意味を尋ねると理解の不正確さが見えてくることもあるので、漢字熟語に限らず確認していくとよいでしょう。

　なお、子供が自分から「この言葉は知らない」と言えることは、その後の学習にとっても貴重です。子供が知らないと表明したことに否定的な態度を示さないように注意しましょう。「知らない言葉をよく見つけられたね」といった肯定的な言葉かけを通して、熟知していない言葉や表現を自分から指摘できるように導きます。自ら辞書で意味を調べる習慣につながるとさらによいでしょう。

（５）文章全体のテーマや構成を理解する

　文章全体の文脈や構成の理解を促すために、以下のような観点で文章に臨みます。

１）**タイトルなどから文章の内容を予測する**：文章にタイトルがついている場合は、これから読む文章がどのような内容であるかを予想し合います。正解を求めることが目的ではなく、話し合いを通して、関連する意味知識を活性化させ、文章を読む態度を整えることを目指します。読もうとしているものが本であれば、表紙や挿絵から内容を推測してもよいでしょう。

２）**文章中のキーワードをひろい出す**：文章のなかで特に重要と思われる語句に線を引いて、振り返りができるようにしておきます。重要な言葉は何かを考えることで文脈の理解を促すとともに、内容を再確認したり、次のステップでの要約を行ったりする際に役立ちます。

３）**文章の内容を振り返り要旨をまとめる**：何度か文章を読んだ後で、説明文の要旨や

物語のあらすじをまとめてみます。段落ごとでも構いません。文章で書くことが難しく時間を要するようであれば、キーワードを並べていったり、キーワード同士を線でつないだり、図式化して視覚的イメージにまとめていったりするとよいでしょう。時系列的な出来事の流れ、原因と結果の因果関係、問題場面とその解決などの記述を抽出してみます。あるいは、文章のテーマや中心的なメッセージを自分なりの言葉に置き換えて説明してみます。

４）**ストーリーのその後の展開を予測する**：物語であれば、読んだ部分から先に何が起こるかを予測してみるのもよいでしょう。出来事の流れやそのきっかけ、展開の理解を深めることにつがなります。

（６）物語文における心情を理解する

　説明文と異なり、登場人物のある物語には感情や思いにかかわる表現が含まれています。出来事の連続を理解するだけでなく、登場人物の立場から見た状況を理解することが物語の読解では重要です。そこで、次のような観点で物語文を検討してみましょう。

・「かぎかっこ」でくくられる会話文は誰の発言かを考える。

・登場人物が受けた感覚や、気持ち、思いを表す表現に印をつける。

・状況の雰囲気を表す表現に印をつける（「明るい日ざしを受けていた」など）。

・場面ごとに状況や登場人物の気持ちなど想像して話し合う。

・このあと登場人物はどうすると思うかを話し合う。

・物語の感想や、自分だったらどうするかを述べる。

　子供とのやりとりを通して、国語の一斉授業では出てこないような表現、浮かばないような考えを子供から引き出します。子供の観点を尊重し、子供の独特な見方がうかがえた場合は、その解釈の適否を判断するのではなく、指導者はこう思うといったことを述べ、多様な捉え方があることを例示していきます。

（７）語彙知識や文脈理解、作文などを文章の読解に統合させる

　「聞き取りによる文脈の理解」にかかわる章において、「３ 語彙知識や読解力の向上も交えて聞き取る力を高める『統合的アプローチ』」）を紹介しました（57ページ）。この節を参照し、文章に使われている語彙の学習を先行させたり、テーマについての調べ学習、読んだ文章にもとづいた別の物語の作文などへ展開させたりと、文章の読解を中心とする活動を構成してみてください。

事例報告 6

語彙知識が乏しく、文章読解に苦手さがある児童への語彙を増やし、文章の読解力の向上を目指した指導

■ 児童の実態と指導方法の概要

「出来事や自分の思いなどを言葉や文章で表現することが苦手である」「文章の内容を正しく読み取ることが難しい」ということを主訴とする小学4年生の男児。気持ちを表す言葉とイラストをマッチングさせたり、自分の体験と照らし合わせたりして、言葉で気持ちを表すことを目指した学習や、文章のなかで分からない語彙の意味を理解し、文章の内容を正しく理解する学習を行いました。また、文章読解問題については、質問文に対する本文中の答えの部分に線を引かせるようにしました。

気持ちを言葉で表現できるようになり、気持ちが高ぶることが減ってきました。5〜8文程度の短い文章の読解から開始し、当該学年の文章読解が正しくできるようになっていきました。

1 児童の実態

（1）主訴など

小学4年生の男児。言葉の理解が難しい、自発話が少ない、気持ちを言語化することが難しいといった主訴で、2年生の3学期に通級を開始しました。

（2）生育歴

両親と姉との4人家族。幼児期から、自分の思い通りにならないといつまでもこだわることや、気持ちを言語化できずに感情を高ぶらせることがありました。味覚に過敏さがみられ、食べ物の好き嫌いも見られました。

（3）学校生活

一斉に出される指示に注目したり、聞いたことをすぐに行動に移したりすることに困難さを示し、周囲の活動から遅れることがありました。生活態度は良く、友達関係も良好でした。生活面、学習面で、真面目に努力する様子がみられましたが、学習全般に遅れが見られました。

（4）諸検査の結果

3年生の3学期（9歳2ヵ月時）に実施したWISC-Ⅳ知能検査の結果は以下の通りです。

全検査IQ（FSIQ）78

言語理解指標（VCI）88　　　　　知覚推理指標（PRI）67

ワーキングメモリー指標（WMI）115　処理速度指標（PSI）67

絵画語い発達検査（PVT-R）（9歳1ヵ月時）では、語彙年齢（VA）8歳5ヵ月、SS8でした。

2　LCSA の結果 ....

4年生の5月に実施したLCSAでは以下の結果が得られました。

LCSA 指数84　　リテラシー指数84

下位検査		評価点	
Ⅰ　口頭指示の理解	➡	11	
Ⅱ　聞き取りによる文脈の理解	➡	9	
Ⅲ　音　読	➡	10	リテラシー
Ⅳ　文章の読解	➡	3	リテラシー
Ⅴ　語彙知識	➡	4	
Ⅵ　慣用句・心的語彙	➡	3	
Ⅶ　文表現	➡	8	
Ⅷ　対人文脈	➡	9	
Ⅸ　柔軟性	➡	12	
Ⅹ　音韻意識	➡	10	リテラシー

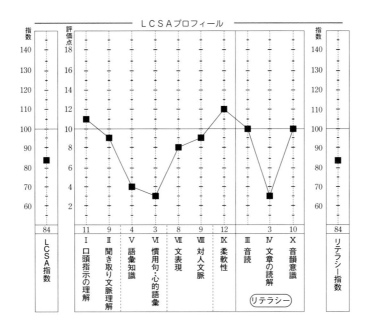

以上のように、「語彙知識」「慣用句・心的語彙」「文章の読解」が低いという特徴が見られました。

3 指導方針・方法

　LCSAでは、「語彙知識」「慣用句・心的語彙」の評価点が低い結果となりました。また、リテラシー関連では、「音読」の評価点は平均でしたが、「文章の読解」の評価点は低くなりました。学習や日常生活で、音読はできるものの文章の内容理解が苦手なことや、話すことも苦手で感情を高ぶらせてしまうこともある背景には、心的語彙を含む語彙の不足が大きいと推測されました。また、「文章の読解」では、設問に回答する際、元の文章を読み返さないで答えたことから、文字を読むことへの抵抗感があり、読み返すのが負担であると考えられました。

　そこで、言葉の意味を正しく理解し語彙を増やすこと、文章の読解力を伸ばすことを長期目標としました。

4 指導経過 ···

4年生の1学期から2学期にかけて以下の指導を行いました。

指導目標	指導方法・指導内容	本児の様子・結果
気持ちを表す言葉を理解し、生活のなかで使えるようにする。	用意するもの：「いらいら・わくわく・うらやましい」などの気持ちを表すイラスト（ちびむすドリル【幼児の学習素材館】の気持ちを表す言葉とイラストを線で結ぶもの） 指導手続き：気持ちを表す言葉と、その様子を表すイラストをマッチングさせる。マッチングできたら、本児の過去の経験でその気持ちになった出来事を想起させ、話してもらう。	気持ちを表す言葉とイラストをマッチングさせたあと、「いらいらする」のはどんなときかなど、自分の経験と照らし合わせて考えてもらうことで、気持ちを表す言葉の理解が深まった。指導場面以外でも、感情が高ぶったときに、気持ちを話すように促されると、自分の思いを話すことができ、落ち着けるようになってきた。
空間・位置の言葉を理解する。	用意するもの：地図（インターネット上の地図を活用） 指導手続き： 方法1）地図上で駅や店までの道順を「左・右・向かい・となり」などの言葉を使って説明する。また、校内の他の教室にどのようにいくか、道順を説明したあと、実際に歩いて確かめる。 方法2）「どの教室でしょうクイズ」では、ある教室までの道順を示し、どの教室かを当てる。	本児の生活圏の地図を使用することで、指導者に伝えたいという思いが高まり意欲的に取り組めた。実際に校内を歩いて、教室までの道順を確認することでより理解が深まり、空間・位置の言葉を使えるようになった。 「どの教室でしょうクイズ」では、本児もクイズを作り、楽しみながら空間・位置の言葉を使えるようになった。
言葉の意味を正しく理解する。	用意するもの：当該学年の国語の教科書に掲載されている文章 指導手続き：文章のなかで、本児が分からないと思われる語彙の意味を指導者が質問して本児に答えさせたり、辞書引きをしたりして意味や使い方を確認する。辞書引きした語彙は、本児が辞書を読み、指導者がノートに書くようにする。	学習課題や会話で知らない語彙があると、意味を尋ねたり、辞書で調べたりして、理解しようとするようになった。
文章の内容を正しく理解し、内容についての質問に答える。	用意するもの：「おはなし読解ワーク　初級　中級」（葛西ことばのテーブル）を使用。当該学年の教科書から文章を選択し、問題を作成。 指導手続き：短い文章の読解から取	短い文章の読解を繰り返し行った。分からない言葉の意味を尋ねながら文章を読み、内容を理解しながら読もうとする様子が見られた。 以前は、文章を一度読んだ記憶だけ

り組み、文字を読むことへの抵抗感を減らすとともに、文章の内容を理解できるようにする。抵抗なくできるようになったら、漢字や知らない語彙が適度に入っている文章を教材にする。
文章読解問題では、設問に対する本文の答えの部分に線を引いてから解答を書くようにする。

で設問に答えていた。文章のなかの答えの部分に線を引かせることで、文章を読み返すことができるようになった。また、線を引いたあとに設問を読み返し、正しいかどうかを確かめる様子も見られるようになった。

5 指導経過のまとめ

　気持ちを表す言葉とイラストをマッチングさせ、自分の経験と照らし合わせて考えさせることで、気持ちを表す言葉の理解が深まりました。気持ちを言語化できるようになってきたことで、感情を高ぶらせることも減ってきました。

　短い文章の読解から指導を展開することで、文章を読むことへの抵抗が減りました。また、分からない語彙の意味を確かめ、内容を理解しながら読めるようにもなってきました。在籍学級での文章読解問題でも、同じように文章中の解答部分に線を引いてから答え、正しく答えられることが多くなりました。

　語彙を増やすことに意欲が見られるようになり、会話でも知らない語彙があると、意味を尋ねたり、辞書で調べたりして、理解しようとするようになったことも成果と言えます。

文章の読解

第4章　リテラシーをめぐるトピック

リテラシーをめぐるトピック1

自閉症スペクトラム障害のある子供における文章理解の難しさ

　自閉症スペクトラム障害または自閉スペクトラム症（Autism Spectrum Disorder; ASD）のある子供は、さまざまな側面で言語の課題を示すことがありますが、文のつながりから前後関係を理解して文脈を読み取ったり、登場人物の関係性を理解したりすることが求められる文章の読解において特に難しさを経験する児童が多く見られます。そこで本節では、ASD のある子供における文章理解に焦点を当てて検討します。

　ASD のある子供の言語については、語用論の難しさを中心にさまざまな研究が進められてきました。語用論とは、コミュニケーション場面での言語の意味と働きを扱う研究分野です。意味論（言語の意味）や統語論（言語の文法）といった、その他の言語的側面においても広く難しさがみられることが知られています。

　辻井ら（1999）は、知的障害を伴わない ASD のある子供の多くは、学齢期に学業上の困難を示し、特に認知面に由来する「文章を理解する力」「文章を産出する力」における難しさが大きいことを指摘しています。

　本節では、ASD のある子供や成人がもつ文・文章理解の難しさに注目し、知的障害を伴わない ASD のある成人と大学生を対象とした後方視的な（自分の過去を振り返る）調査（綿貫・大伴，2015）の結果を引用しながら支援方法および読解方略について提案します。

読解・漢字・作文

1 文章理解について

　文章理解には、2つの認知処理過程が想定されています。ひとつは、目から入る刺激を文字として認識し、単語を認識し、単語の文法的なつながりから文を理解し、その積み重ねによって文章全体を理解していくボトムアップの処理です。もうひとつは、読み手がもっている知識（スキーマ）を活用し、それを参照しながら文脈を処理することで文章の内容を理解していく、トップダウンの処理に関する過程です。

　ASD のある子供や成人では、まず読み書きや聞き取りが難しいことが指摘されています。例えば、Myles, et al.（2002）は、ASD のある子供の単語認識と文章理解の関係について調査を行い、ASD のある子供の文章理解には語彙知識や意味論などの側面が影響していることを報告しています。また、Norbury & Nation（2011）は、ASD のある成人の文章理解の難しさには文法知識の乏しさがかかわっていることを見出し、音声言語の発達と文章理解力との相互作用について言及しています。

　さらに、自分のもっている知識を活用して推論を行うことが苦手であり、例えば、Happé（1997）は、ASD のある子供は同音異義語が提示されたとき、意味の選択を行う過程で文脈の情報を上手く活用できなかったことを報告しています。

　これらの知見に加えて、ASD の障害特性に由来して、物語文に登場する人物の心理状態について不適切な解釈がみられることや、慣用句を含む比喩的な文の理解に難しさがあることが指摘されています。Norbury（2004）は、ASD のある子供の慣用句の習得と文章理解の関係について調べ、慣用句とその使用スキルは自然に獲得されず、繰り返し慣用句とその意味を対提示して学習を促す必要があると述べています。

2 調査結果から見えてきたこと

（1）読み書きや聞き取りの難しさ

後方視的な調査からは、ASD のある成人は一般の大学生に比べて、読み書きの学習や音声の聞き取りなどの言語入力の過程に学齢期から難しさがあったことが明らかになりました（表1）。さらに、読み書きに関する自由記述回答（表2）をみると、ASD のある成人は特に文字の形を認識することや文字を書く行為に難しさがあり、大学生が示していた難しさとは質的に異なりました。

表1　ASD 者が大学生と比べて、学齢期に難しかったことの例
（文字の読み書き、音の聞き取り）

領域	項　目
読字	・ひらがな、カタカナ、漢字などの読みの学習に苦労した。 ・よく似た文字を識別できなかった（例えば「あ」と「お」、「q」と「d」）。 ・文章を読んでいると、文字同士がくっついて見えることがあった。 ・文字のサイズが小さい、または大きいと読みづらかった。 ・背景と文字のコントラストが強い（白色の紙に黒色の文字が書かれている）と、文字を読むことが難しかった。
書字	・ひらがな、カタカナ、漢字などの書きの学習に苦労した。 ・ひらがなやカタカナの、長音（「とーふ」ではなく「とうふ」）、促音（「きって」）、拗音（「キャンプ」）などの書きの学習に苦労した。 ・読めないほどの乱雑な文字しか書けなかった。 ・黒板に書いてある文字をノートに書き写すことが難しかった。 ・作文を書くことが難しかった。
音の聞き取り	・音声をはっきりと聞き取ることが難しかった。 ・静かな場所でも音声を聞き取るのに集中することが難しかった。 ・一文（句点「。」ひとつ）の短い文を聞き取っても、その内容を理解できなかった。 ・2つ以上の段落から成るような長い文章を聞いても、その内容を理解できなかった。 ・聞き取った言葉を再生（書く、復唱）するとき、語順が入れ替わることがあった（例えば「はなのいろ」が「はないろの」、「123」が「132」になってしまうなど）。

表2　読み書きの難しさに関する自由記述回答例

領域	ASD者	大学生
読み間違いの例	音読みの間違い ・「献血（こんけつ）」　・「未明（まつめい）」 その他の読み間違い ・「稲荷（いなか）」　・「劣等（おっとう）」 ・「誓う（つかう）」 ・「ソ」と「ン」、「ツ」と「シ」の違い ・「トラベル」を「トラブル」、「コーロ・カステロ」を「コーラ・カステラ」と読み間違えていた。 ・「貴」と「違」、「便」と「使」を読み間違えていた。	音読みと訓読みの混同 ・「月極（げっきょく）」　・「残高（ざんこう）」 ・「出光（しゅっこう）」　・「助言（すけごん）」 ・「待受（たいじゅ）」　　・「布団（ぬのだん）」 ・「白桃（はくもも）」 音読みの間違い ・「温州（おんしゅう）」　・「境内（きょうない）」 ・「早急（そうきゅう）」　・「適宜（てきせん）」 ・「反故（はんご）」　　　・「有無（ゆうむ）」 その他の読み間違い ・「彩（あざやか）」　　・「更新（さいしん）」 ・「b」と「d」の向きを認識しにくかった。
書き間違いの例	書き忘れ・書き足しの間違い ・「専」の右上に点を付けていた。 ・「悪」の心の上に線を書いていなかった。 つくりの書き間違い ・「危険」の「険」を「検」と間違えて覚えていた。「沈」のなかを九と書いていた。 その他の書き間違い ・カタカナの「キ」を横向きに書いていた。 ・漢字の「雨」の点を直線（-）で書いていた。 ・「絡」→「各糸」と漢字のつくりを左右反対に書き間違えることがあった。 ・「連絡」→「絡連」と熟語の並びを書き間違えることがあった。 ・でたらめな文字を書いていた。	・「ほ」の右側のつくりが「ま」になっていた。 ・「確かめる」の送り仮名を間違えていた。 ・漢字のつくりを省略してしまう書き間違いがあった（「終了」を「糸了」など）。
書字・作文	・ひらがなの書き順が独特だった。 ・手先が不器用で書道や硬筆がとても苦手だった。 ・文字を書く際に、枠に字の大きさを合わせて書くことが苦手だった。 ・頭では分かっているが、書きたい文字と異なる字を書くことがあった。 ・自分で考えながらノートを作ることが苦手だった。 ・読書感想文で「感想」の意味が分からず、困った。	

（2）推論の難しさ

　文章に明示された情報をもとに、新しいことがらについて理解することが難しいなど、ASDのある成人は大学生に比べて、適切に推論することが難しかったことが見出されました（表3）。また、文章内の固有名詞や登場人物を覚えるなど、記憶力が優れていた一方で、記憶した知識を文脈に応じて活用することが難しかった可能性が示されました。

表3　ASD者が大学生と比べて、学齢期に難しかったことの例（推論）

領域	項　　目
推論	・文章を読むことはできても、書かれていることの意味を理解できないことがあった。 ・文章に「書かれていることがら」をもとに、「書かれていないことがら」について見当をつけることが難しかった。 ・文の一部（主語や目的語）が省略された文章の理解は難しかった。 ・文同士（文と文）や段落同士（段落と段落）の関係（つながり）がわからなかった。 ・指示詞（「これ」「それ」など）の指示するものがわからなかった。

（3）物語文理解の難しさ

　ASDのある子供は、物語文に登場する人物の心理状態について不適切な解釈がみられることが知られています。本調査においても、ASDのある成人は大学生に比べて、登場人物の気持ちを文章から読み取ることや登場人物に共感することが難しかったことが明らかになりました。さらに、登場人物同士の関係や登場人物の発言が誰のものかを把握することも困難であったことが示されました。

　ASDのある子供は慣用句を含む比喩的な文の理解にも難しさがあることが指摘されていますが、本調査でもASDのある成人は大学生に比べて、比喩表現を理解することが難しかったり、慣用句を字句通りに理解していたりしたことが確認されました（表4）。

146

表4　ASD者が大学生と比べて、学齢期に難しかったことの例（物語文の理解）

領域	項　目
物語文の理解	・登場人物の気持ちを文章から読み取ることが難しかった。 ・ある登場人物が他の登場人物についてどう思っているのかを推察することが難しかった。 ・登場人物同士の関係を把握しにくかった。 ・行間を読む（文章に直接表現されていない筆者の真意をくみとる）ことは苦手だった。 ・文章から風景などをイメージできなかった。

3 文・文章理解への支援方法と読解方略

　これまで述べてきたように、ASDのある子供は文や文章の理解に難しさがあります。本節では、6つの支援方法および読解方略を提案します。

（1）文字や語彙の理解についてアセスメントする

　文や文章理解について支援を行う際には、まず子供の感覚運動面に配慮し、例えば、きちんと文字を読めているか、音声を正しく聞き取ることができているかを観察するなど、読み書きや音声の聞き取りについて検討を行った上で指導にあたり、指導中も文字や単語を正しく認識できているかを確認しながら指導を進めていく必要があります。

　また、ASDのある子供は、最初に覚えた単語や語句の意味がそのまま固定され、意味の勘違いが生じやすい傾向があります。新しい文脈に応じて柔軟に解釈することが難しかったり、断片的な理解に留まってしまったりすることも多く見られます。したがって、文や文章を読んだり聞いたりするとき、文中の単語や語句の意味を適切に理解できているかを確認する必要があります。キーワードを拾って、それがどういう意味であるのかを辞書で調べたり、実際に人と話し合って総合的な理解を心がけたりすることが大切です。

（2）照応関係を視覚的に明らかにする

　O'Connor & Klein（2004）は、ASD のある子供が文章を読むとき、自分のもっている知識を使うことができるように、例えば先行する名詞と代名詞の照応関係を視覚的に提示し、読解のための手掛かりを与える指導が有効であったことを報告しています。

　ASD のある子供は、言語と言語の関係に気づいたり、理解したりすることがあまり得意ではありません。図25のように、名詞と代名詞が示すものが同じであることを、線を引くなどして視覚的に提示してあげると分かりやすくなります。

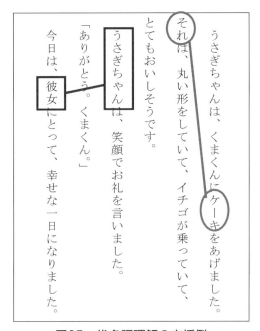

図25　代名詞理解の支援例

（3）接続詞など文章構造に注目し、活用する

　文章理解を促す読解方略としては、大学生は ASD のある成人に比べて、文章を読むときに接続詞を意識して読むといった文章構造に注目する方略を多く用いていたことが明らかになりました。大村・撫尾・樋口（1980）は、接続語を使って文間の接続関係を明示することは、文章理解に関するボトムアップ的な処理を促進する働きがあることを指摘しています。

　ASD のある子供が文章を読むとき、例えば接続詞がもつ意味について事前学習を行い、教科書本文の接続詞にアンダーラインを引いたり、囲み線を書いたりすることが文や段落間のつながりの理解を高める有効な手立てになります（図26）。

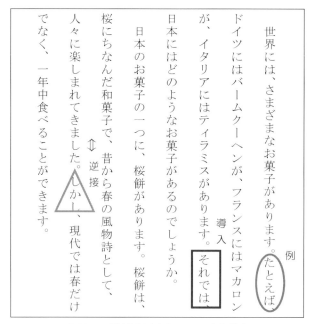

図26　接続詞を活用した支援例

（4）登場人物や事物の関係を図式化する

　大村（2001）は読解を促す手立てとして、「図式的オーガナイザー」（あるいは「教授マップ」）を提案しています。これはある文章を読む前に、その文章にかかわる概念などを関係図式として表し、提示することで、内容を組織的に理解することを助けます。

　ASDのある子供は文章の情報を整理したり、関係性を把握したりすることが苦手な子供が多いので、順序立てて要約した内容を提示すると理解しやすくなります。特に物語文を読む際には、本文を読む前や読むなかで、例えば登場人物の相関図を作成し、登場人物同士の関係を矢印で表したり、その矢印に他の登場人物への心情などを併記したりすることが気づきや理解を促す手立てになります（図27）。心情などの情報を併記する場合、教科書本文の言語表現をそのまま抜き出して書くと分かりやすいです。

（5）比喩の意味を明確化する

　ASDのある子供が比喩的な文を読むときには、まず「～ようだ」「まるで」という明示的な比喩のキーワードにアンダーラインや囲み線を書くと、視覚的に比喩を意識しやすくなります。隠喩法のように、比喩であることが明示されていない場合には、内側の構造や属性の意味分析を行います。例えば、「『思い出を心の宝石箱にしまう』という表現は、宝石箱とは綺麗で大切なものをしまう入れ物であり、心の宝石箱は目に見える形

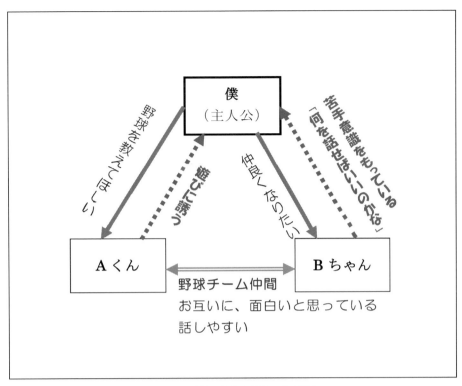

図27　登場人物理解の支援例

で存在しないが、心にそのようなスペースが存在すると仮定して表現している」というような具体的な説明になります。また、使われている単語や語句自体のイメージを想起させてあげると、比喩されていることが分かりやすくなります。写真や映像を見せたり、その場に行って関連する景色を経験的に知ってもらったりすることが役立ちます。慣用句やことわざの辞典を提供して、まず知識として覚えてもらい、教科書を読むときにその知識を使ってみるというようなトップダウンの処理も有効です。

（6）算数の文章題

算数の文章題には、「だれが何をどうした」という人名や物品名などの周辺的な情報が含まれています。それによって混乱や苦手意識が生じ、問題を読むことに抵抗感をもつ子供が見られます。

以下のようなステップで、文章を分割し、図式化していくとよいでしょう。

① 一文ずつカードで文章を分割して書き、文ごとの意味内容を理解する。
② 文のなかで大事なところだけに線を引く（人物名や物品名などには線を引かない）。
③ 数にかかわる表現を中心に取り出し、図の形に視覚化する。

④ 数式の形に直してみる。

綿貫・大伴（2015）では、ASD のある成人は大学生に比べて、算数の文章題を読むことはできてもその内容を理解したり、問題文と数字を結びつけて考えたりすることに困難を示す傾向が明らかになりました。

上述の通り、算数の文章題を教える際には、一般的に問題文を絵や図表で視覚化することが有効であると考えられていますが、ASD のある成人の場合には逆に混乱をきたしていたことも明らかになりました。このことから、ASD のある子供が算数の文章題に取り組むときは、その子供の見え方や考え方、好きな・苦手な色などの感覚運動面や認知特性に配慮しながら、分かりやすい手掛かりを検討し提案することが大切です。見え方としては、例えば、文章のどこに注目すればよいのかに気づくことが難しかったり、数字と単語や語句の繋がりを漠然と読んで理解することが難しかったりするので、アンダーラインや囲み線を書いたり、それを線で結んだりして視覚的に情報を整理して取り組むと分かりやすくなります（図28）。

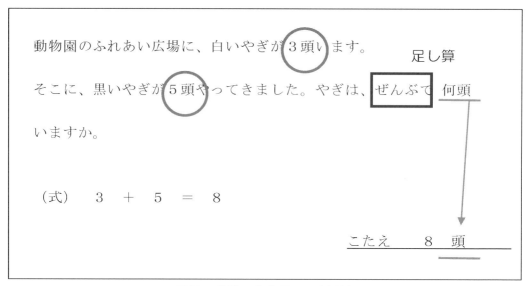

図28　算数の文章題への支援例

リテラシーをめぐるトピック 2

　LCSA では、仮名文字の流暢で正確な読みや、仮名文字の読み書きの基礎となる音韻意識をリテラシー領域として評価します。しかし、リテラシーにはこのほかにもカタカナの学習や、漢字の読み書きといった課題もあります。カタカナは経験する頻度も少ないので、読み書きに苦手さのある子供には難しい課題です。音韻意識を土台とする点は平仮名と共通するので、音韻意識を十分に育てることが重要です。また、平仮名と異なり、カタカナは恐竜の名前やゲーム、アニメのキャラクター名、スポーツにかかわる言葉など、特定の文脈で特に使われる傾向があります。子供が興味をもっている内容にできるだけ関連づけて、図鑑や関連する書籍などを参照しながらカタカナ語を学んでいくとよいでしょう。

　本節では、多くの児童に課題がみられる漢字について解説します。

漢字の指導

　漢字の習得に困難がある児童にとっては、新出漢字が国語の単元ごとに登場するために学習が追いつかず、苦手意識が増大していきます。ひとつずつでも覚えた漢字が増えることを教師や家族と実感し、進歩をともに喜びながら児童を支えていきたいものです。そこで、学習する文字を選択し、それらのターゲットについて、少しでも効率的な学習の方法を選択して学んでいきます。ここでは、視覚的、運動的、意味的なルートを介して多感覚的に学習する方策について検討していきます。

1 漢字を部分に分け、視覚・運動・意味の〈複合ルート〉で学ぶ

指導のやりとりの例

◆混同しがちな2つの漢字の形の違いを言葉で言う

「ここに『読』と『続』のカードがあります。どこが違うのか言葉で説明してください。」

◆運筆のパターンを応用する

「『田』の書き順を練習しましょう。はじめに腕で大きく書いてみましょう。」

「では『思う』はどう書きますか？」「『細い』はどう書きますか？」

◆漢字と語彙を並行して学ぶ

「姉と妹を合わせて何と言いますか？」（姉妹）

解　説

漢字は、字形（視覚）、運筆（運動）、読み方（聴覚）と意味（言語知識）というさまざまな側面から成り立っています。したがって、漢字を学ぶことは、〈多感覚的なルート〉を介した学習になります。漢字ドリルのように、同じ漢字を繰り返し書いて覚えるのは漢字学習の基本ですが、書字の繰り返しを通してどのような側面を育てようとしているのか、効率的に学んでもらうためにはどのような工夫が可能かについて十分に検討して指導を組み立てる必要があります。

（1）「視覚ルート」を活用する

漢字には、「日」と「目」、「鳥」と「島」のように、字形が似たものがたくさんあります。これらが瞬時に見分けられるようになることが期待されますが、漢字を学び始めた段階にある児童にとっては、「第」と「弟」のように形態が類似している漢字を混同しやすい状況があります。そこで、じっくり見比べる『視覚ルート』を活用した学習を漢字習得の基盤のひとつとします。

漢字の細部に注目し、識別する力を高めるための手立てには以下のような方法があります。

第4章　リテラシーをめぐるトピック　　153

1）**誤りやすい箇所を視覚的に印象づける**：「あか」を漢字で書くように求められ、「赤」の上が「土」ではなく「主」のようになってしまう子供のように、漢字の一部分に線が多かったり、足りなかったりする誤りを示すことがあります。そのような場合には、書き誤りのある部分を色づけするなどして視覚的に印象づけるようにします。その際、「『あか』の上は『つち』」のように、誤りやすい部分を言語化し、唱えるようにして言語ルートも活用して定着を図ります。

2）**混同しやすい漢字同士を対比させる**：形に共通性がある漢字同士（「子－字」「白－自」「鳥－島」など）を並べて提示し、違いを見つけてもらいます。このような視覚的な識別を中心とした課題は、瞬時に違いを見つけることができるようになるまで繰り返します。あるいは、形が似ている漢字（「日・白・百・目・自・首」や「田・思・里・由・細・油」など）を1文字ごとに2枚のカードにしてばらばらに伏せておきます。子供同士あるいは子供と大人が交代で2枚を表に返して、声に出して読みながら、同じ漢字であれば「ゲット」できる「文字神経衰弱ゲーム」を楽しんでもいいでしょう。

　　視覚的な識別だけでなく、並行して、例えば「子－字」ならば「（　）ども」「（　）を書く」といった穴埋め課題で書字にも取り組みます。混同する場合には、上の1）の要領で、違いに色づけして視覚的に強調し、差異を言語化してもらいます（「『字』は帽子をかぶっている（＝ウかんむり）」「『鳥』は点、『島』は山」など）。

3）**漢字を構成するパーツを視覚的に印象づける**：部分が共通する漢字（「字・室・家・実」など）を学ぶ際には、共通する部分（パーツ）だけをマーカーでなぞって色づけしたり、パーツだけが書かれたカードを用意してそれを含む漢字の仲間集めをしたりするなど、パーツを軸とした活動を行います。カードに書いたパーツで漢字を組み合わせて構成するゲーム（「イ」と「木」で「休」など）では、組み合わせることで終わりにせず、できあがった漢字を、指でなぞってみましょう（後述の「運動ルート」参照）。

　　パーツの組み合わせができるようになったら、書き順の出だしのところを含むパーツだけ見せて、残りは自分で書き上げるというように、難易度を上げていきます。

読解・漢字・作文

〈参考〉 形の視覚的認知や構成力を探る：立方体模写課題の活用

　視空間認知の評価には、知能検査における特定の下位検査の評価点を参照することができますが、形の視覚的認知や構成能力の得意・不得意を大まかに評価する方法として、立方体の模写課題があります。立方体の見取り図（図29）を10～20秒ほど見た後、記憶を頼りに描いてもらいます。次に、立方体の透視図（図30）の見本を見ながら視写してもらいます。図31のように線や形が乱れるだけでなく、描いたものが形にならず途中で終わってしまったり、何度も描き直しても思い通りの形にならなかったりする場合には、奥行きのある形を視覚的に捉えることや再構成することの困難がうかがわれます。描かれたものについて正確さを点数化して、平均的な分布と比較することも可能です。採点方法などは巻末文献リストの大伴（2009）を参照してください。

図29　立方体模写課題用　見取り図

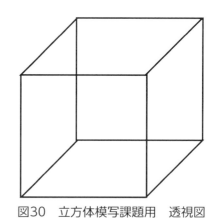
図30　立方体模写課題用　透視図

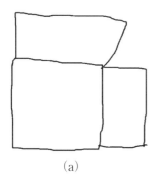
（a）

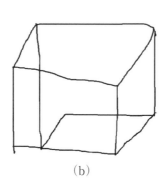
（b）

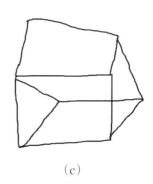
（c）

図31　立方体模写課題における見取り図の書き誤りの例（a）と透視図の書き誤りの例（b）（c）

（2）「運動ルート」を活用する

　漢字は、「思」を書けるようになるには「田」と「心」の両方が書けるようになっていることが求められます。同様に、「道」を書くには「辶」と「首」、「首」をさかのぼれば「自」や「目」を習得していることが前提となります。したがって、漢字をパーツ（部分）に分けて習得することは、視覚ルートの処理を効率的に行えることになるばかりか、各々のパーツの運筆に精通していれば、それらが組み合わさった複雑な漢字もスムーズに書けることにもなります。これは運筆のパターンを通した学びである『運動ルート』の活用につながります。

1）**漢字を構成するパーツごとの運動記憶を定着させる**：漢字を構成するパーツの書字パターンを運動記憶として定着させて、形の構成に役立てます。しかし、運筆は指先だけの極めて微細なコントロールにもとづいており、運動自体をイメージするのは容易ではありません。そこで書字の運動記憶を高めるために、腕を大きく使った粗大運動から始めます。まず、指導者と一緒に、漢字を大きく空書きし、漢字の形態的特徴を印象づけます。なお、漢字の学習が苦手な児童のなかには、書き順が定まらず、書くたびに筆運びの順序が変わってしまう子供がいます。書き順を安定させることで運動記憶が形成されるため、正しい書き順を覚えてもらうことも重要です。

2）**粗大運動から指先に運動に落とし込む**：粗大運動としての空書きから、徐々に紙の上でのより小さな運動に近づけていきます。そこで、ホワイトボードや黒板の上に書いていきます。指導者のモデルがなくてもスムーズに書けるように繰り返します。次に、机上の紙の上に大きめに書いていきます。最後に、マス目のなかに書き、指先の運動に落とし込んでいきます。

（3）「意味ルート」を活用する

　漢字は読み方と連合しており、「日」は「日にちの『ひ』」であったり、「日曜の『にち』」、「元日の『じつ』」であったりしますが、訓読みでも音読みでも言葉を構成し、意味と不可分です。したがって、「日」という文字を見て「ひ・にち・じつ」という多様な読み方をひたすら暗記することは有効ではありません。漢字の学習には、その漢字を含む語彙や漢字の成り立ちと結びつけた『意味ルート』を活用します。漢字をパーツに分けて、成り立ちから覚えることも意味ルートの活用です。

1）**漢字と語彙を合わせて学ぶ**：漢字の知識を増やすことは語彙を拡大することにもつ

ながります。「見る」を訓読みできても、「けん」という音読みを知るのは「見学」や「意見」という熟語を学ぶときです。訓読みについても、「味見」「お花見」といった言葉を読み書きできではじめて漢字を自在に使いこなせたことになります。このように、漢字を軸とした語彙のネットワーク化を効率的に図っていきます。「算」を学んだら、これが含まれる「算数」「計算」「暗算」といった言葉も一緒に学びましょう。同様に、「発」を学ぶときには「発表」「出発」「発言」という語彙も紹介してみましょう。漢字それぞれについて多様な使用例を経験することによって、語彙が増え、漢字の意味や似た言葉との関連性を手がかりとして語の意味を推測できるようになっていきます。このように、漢字を軸とした語彙のネットワークを形成していきます。

2）**漢字の成り立ちと合わせて学ぶ**：漢字の成り立ちや部首の意味を学ぶことによって漢字に親しむ学習は授業でもよく行われています。このような学習や、書き方を語呂合わせのような唱え言葉で覚えていくことが有効なのは、漢字をひとつずつ単独で暗記するのではなく、何らかの意味的な文脈と絡めることによって漢字が記憶のなかに位置づけられやすいからです。次の節では、このような文脈の活用について詳しく見てみましょう。

2 〈学習の文脈〉を作って漢字を学ぶ

指導のやりとりの例

◆書ける漢字を手がかりに新しい漢字を学ぶ

「『糸』はどう書きますか？　では『糸は細い』と書いてみましょう。」

◆文脈のなかで音読みと訓読みを学ぶ

「『作る』はどう読みますか？　では、作ってできあがったもののことを何と言いますか？」（作品）

解 説

　漢字の習得が難しい子供にとって、次々と登場する新出漢字に追いついていくには大変な努力を要します。新出漢字を、過去に学んだ漢字と関連づけたり、その漢字が活用される文や文章と結びつけたりして、記憶に残りやすい『文脈』を創出していきます。この場合の文脈とは、新たな情報をランダムに覚えるのではなく、手がかりとなる何らかの関連する知識と絡めながら、より効率的に記憶するための足場です。文脈には、新たな漢字を学習するための文脈や、ひとつの漢字の多様な読み方を学習するための文脈が考えられます。

（1）形や意味の関連性を活用して新しい漢字を学ぶ

　多くの児童は、新たな漢字が単元で導入されるたびに努力をしながら徐々に自分のものにしていけるでしょう。しかし、認知のアンバランスさから漢字学習に著しい困難のある子供の場合には、何らかの工夫が必要であり、そのひとつが字形の関連性を手がかりとした学習です。新出漢字順にとらわれず、過去に学んだ、形の似ている漢字と組み合わせた「学習の文脈」を作っていきます。例えば、「聞」という漢字の習得につまずきのある子供の場合には、まずは「門」や「耳」の学習や復習からはじめます。「門・耳・聞」をセットにして学ぶことで、すでに書ける「門」または「耳」を記憶の手がかりとして「聞」を想起できるように導きます。

　上の例の場合は漢字の成り立ちや意味の関連性も支えになっていますが、形の類似性だけを文脈とすることもできます。「虫」が正しく書けなければ「風」を正しく書くの

は難しいでしょうから、まずは「虫」の学習・再学習からはじめて、「風」につなげるといった方法です。「道」が難しければ、子供が自信をもって書ける「目」にさかのぼり、「自」→「首」→「道」と形つながりで導いていきます。形に共通点のある漢字を同時に学習する、あるいは漢字を構成するパーツを先に、もしくは並行して学ぶということがポイントとなります。このようにして、漢字を思い出す助けとなる「つながり」を形成していきます。

　指導者が作った文脈を覚えるための「唱え言葉」のようなフレーズを使うことも考えられます。例えば、『車で運ぶ』を通して「車」と、「車」の形が含まれる「運」の両方を定着させます。そのほかの例としては、「辶」に慣れるための『道を通る』、「湯」と「場」を学ぶための『お湯のわく場所』、「第」と「弟」との混乱を解決するための『第一の弟』といった短文です。「姉」と「妹」を混同する児童がいますが、「姉は市場で働く」と「妹は未来のお話が好き」のいずれかを覚えて区別するのもよいでしょう。なお、すべての漢字にこのような文脈作りが必要というわけではありません。子供の書き誤りに関する情報を集め、子供がつまずいている漢字に対してのみ用意します。

（2）文脈を活用して多様な読み方を学ぶ

　ほとんどの漢字は多様な読み方と結びついていますが、聴覚的ワーキングメモリーに弱さのある児童は、漢字の読み方を頭のなかで繰り返すリハーサルが苦手であり、漢字と読み方の結びつきが確立しにくいと考えられます。そこで、文脈を作って音訓を学ぶことが有効となります。「見」を示されて「み」「ケン」を機械的に想起するような形と音との連合ではなく、ひとつの文のなかに訓読みと音読みの両方が出てくるような文を考案します。例えば、「見学で見て学ぶ」「音楽を楽しむ」「リレーの選手を選ぶ」「増加は加えて増やす」といったものです。このような文を通して、熟語の知識を増やすこともできるでしょう。書かれた文を読むだけでなく、漢字を書くことと並行して練習し、文字から音、音から文字と、漢字と音との双方向的な連合の強化を図ります。

〈展開〉漢字カードを作って復習やゲームに活用する

　漢字学習において誤りが見られた場合、その漢字を取り出して繰り返し学習する必要があります。しかし、ノートやプリントにはさまざまな漢字が書かれていたり、指導者の赤ペンの書き込みがあったりして、苦手意識の高い児童にとってはそれらを見返すこと自体が負担となるでしょう。そこで、誤りのあった漢字だけをカードにして、復習や家庭での学習に役立てます。カードの長所は、余分な情報を省くことができるとともに、1枚ずつクイズ形式で学習したり、家に持ち帰って保護者と同様に復習してもらったりすることができる点です。また、習得できた漢字のカードを束から外したり、既習のカードをコレクションとして集めたりもできます。既習カードが増えていくことが達成感につながることも利点です。カードの作成には、市販の無地の「情報カード」が使えます。

　漢字カードは裏表の両面を活用し、読み、熟語、使い方の例、混同しやすい漢字や形の似た漢字などを必要に応じて記載します。例えば、表面に漢字を送り仮名なしに単独で大きく書き、裏面の左側に読み、右側に熟語や使用例などを書きます（図32）。表面の漢字だけから読みや熟語・例文を想起したり、裏面の左側の仮名文字は手で隠して右側の熟語や使用例を声に出して読んだり、反対に、裏面の右側を隠して左側の音・訓の読み方だけから漢字や熟語を書いたりすることに使えます。達成できたカードを脇に積んでいき、貯めた枚数を自信につなげていきましょう。

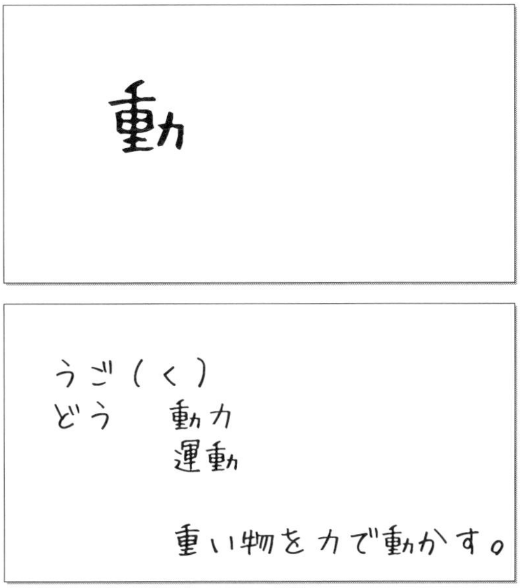

図32　漢字カードの例

リテラシーをめぐるトピック 3

作文の指導

　作文は、読み書きが難しい児童に特に苦手意識を与える課題です。しかし、読み書きの困難に限らず、語彙知識の乏しさや言語表現の苦手さ、考えをまとめる力のすべてが作文の遂行レベルや意欲に影響を与えます。これらを踏まえて、作文を書きあげるのに必要なステップについて考えてみましょう。

① **テーマの設定**：絵日記や自由作文などのように書く内容を自分で決める場合には、作文を書くにあたって、まずテーマを決める。

② **テーマに沿った情報の想起と選択**：記憶や知識のなかからテーマに合ったことがらを思い起こし、取捨選択をしたり、筋道に沿って並べ替えたりする。

③ **文法的な文構成**：適切な語彙を想起し、主語と述語を対応させたり、正しい助詞を選択したりして、文法的な文として構成する。

④ **筋の通った文章の構成**：書き出しはどうするか、どのような順番で文章を構成し、どのように終えるかを考えながら書き進める。

⑤ **読み手に配慮した情報の選択と表現**：事実を知らない読み手を想定しながら、読み手が文章を理解するために必要な情報を提供し、反対に、不必要であったり、細かすぎたりする情報は省く。さらに、文脈に飛躍がないように出来事をつなげていきながら、接続詞や代名詞などを交えて整った流れにする。

⑥ **ルールに沿った表記**：句読点を正しく用い、マス目に一文字を書き、段落の書き出しを一文字下げるなど、書記表現に求められる書き方にしたがう。

　このほかにも、特に学年が上がるにつれ、事実の列挙だけでなく、感想や意見なども交えて書くといったことも期待されるようになります。

　このように多面的な力が要請される作文活動は、リテラシー領域以外の「語彙知識」「慣用句・心的語彙」「文表現」「柔軟性」といった下位検査領域によっても支えられています。これらの領域にかかわる指導については当該の節を参照してください。本節では、言葉に遅れのある子供を想定しながら、特に作文活動と関連が深い指導について解説します。

作文に書く内容を想起し、配列したうえで文章に仕上げる

指導のやりとりの例
- ◆経験した出来事について思い出せることを列挙する
  「水族館に行ったときのことを思い出してみましょう。どんなことでもいいので、覚えていることを教えてください。」
- ◆書き出した情報を再構成する
  「出来事の順番にカードを並べてみましょう。」「水族館の話から脇道にそれてしまったと思うカードはありますか？」
- ◆子供の考えについても書き加えていく
  「ここに並べたことがらのなかで、一番伝えたいことはどれですか？」「どうしてそのことが一番面白いと思いましたか？」

解説

　作文や口頭表現による語りに苦手さのある児童の一部に、テーマを与えても、表現する内容が思いつかない子供がいます。また、断片的な内容は想起できても、筋の通った流れに組み立てることが難しい児童もいます。本節では、この2つのタイプの困難について指導の方法を考えてみます。いずれもついても、「文表現」の章のうち「3 説明する力を高める」（70ページ）、「5 語り（ナラティブ）の力を高める」（73ページ）の各節で述べた方法と共通します。また、テーマからの関連情報の想起については、「柔軟性」下位検査の章の「2 語想起の柔軟性を高める」（95ページ）と関連しています。

（1）テーマに沿ったトピックを柔軟に想起する

　表現したい内容を想起することの困難は、本節の冒頭に挙げた、作文に至るステップのうち①と②につまずきがある状態です。書くテーマが決まったら、まずはテーマに関連することがらを列挙していきます。順番はランダムで構いません。「文表現」の章で紹介したひらめきマップを使ったり、カードや短冊にひとつずつ書き出したりしていきます。語想起の柔軟性を高めるためにもひらめきマップを用いますが、作文に用いる場

合は、柔軟性を目的とした実施方法がやや異なり、中心的なテーマを常に念頭に置いておく必要があります（図33）。例えば、「山のぼり」というテーマについて、「バス」「おべんとう」「けしき」という言葉が挙がったとします。語想起の柔軟性を高めるためのひらめきマップは意味のつながりだけで広げていくので、「山のぼり」から「バス」、「バス」から「車」、「車」から「ハンドル」などと一列に広げていくことができ、最初の「山のぼり」のテーマからどんどん外れていっても構いません。しかし、作文の準備段階としてのひらめきマップでは、あくまでも「山のぼり」というテーマから外れることなく、「山のぼり」から「バス」、「バス」から「ガイドさん」、「ガイドさん」から「やさしい」などと自分の体験にもとづいて事実や感想を連ねていくようにします。「バスについて何を覚えているか」「ガイドさんについてどう思ったか」などを書いていきます。このような流れづくりは、最終的に「山のぼり遠足で乗ったバスのガイドさんはやさしかった」というような文に展開していくための土台となります。

　出来事を思い出すことが難しい場合には、保護者にも依頼をして、週末などに体験したことを写真に撮ってプリントしたものや、パンフレットなど出かけた先で得た資料を持ってきてもらうとよいでしょう。

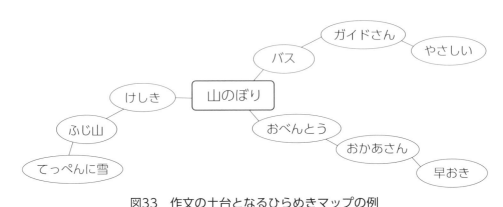

図33　作文の土台となるひらめきマップの例

（2）想起したトピックから作文に取り上げる情報を選び、流れを構成する

　（1）で想起した語句のなかから、特に書きたいひとまとまりの言葉を取り出して、ひとつずつカードに書いていきます。そして、筋が通る内容となるようにそれらのカードを並べ替えます。別の方法としては、テーマについて子供に自由に語ってもらい、指導者がそのなかからキーワードを拾い出してカードに書き出し、そのようにして得られた内容の断片を子供に並べ替えてもらい組織化するという進め方もあります。

（3）自分の考えや感想についても書き加えながら文章化する

　事実の列挙だけでなく、どのようなことが一番楽しかったか、ほかの子供や大人が言ったこと・したことについてどう思ったか、もう一度同じようなことを経験することができるならば今度は何をしたいかなど、子供の考えを探るような問いかけを行います。そのようにして得られた情報についてもカードに書き出したうえで、（2）で作った流れ図のなかに加えていきます。

　情報の選択と構成を行い、できあがった図式を参照しながら文章を書いていきます。その際、「いつ」「どこで」といった5W1Hの情報を補ったり、「まず」「次に」などの連続性を表す言葉を用いたり、接続詞を付け加えたりして仕上げていきます。

引用文献

Gillam, S.L., Gillam, R.B., & Reece, K. (2012). Language Outcomes of Contextualized and Decontextualized Language Intervention: Results of an Early Efficacy Study. Language, Speech & Hearing Services in Schools, 43, 276-291.

Happé, F. (1997). Central coherence and theory of mind in autism: reading homographs in context. British Journal of Developmental Psychology, 15(1), 1-12.

Myles, B.S., Hilgenfeld, T.D., Barnhill, G.P., Griswold, D.E., Hagiwara, T. & Simpson, R.L. (2002). Analysis of reading skills in individuals with Asperger Syndrome. Focus on Autism and Other Developmental Disabilities, 17(1), 44-48.

Norbury, C.F. (2004). Factors supporting idiom comprehension in children with communication disorders. Journal of speech, Language and Hearing Research, 47(5), 1179-1194.

Norbury, C.E. & Nation, K. (2011). Understanding variability in reading comprehension in adolescents with autism spectrum disorders: Interactions with language status and decoding skill. Scientific Studies of Reading, 15(3), 191-210.

O'Connor, I.M. & Klein, P.D. (2004). Exploration of strategies for facilitating the reading comprehension of high-functioning students with autism spectrum disorders. Journal of Autism and Developmental Disorders, 34(2), 115-127.

大村彰道（監）秋田喜代美・久野雅樹（編）(2001)．文章理解の心理学―認知，発達，教育の広がりの中で―．北大路書房．

大村彰道・撫尾知信・樋口一辰 (1980)．文間の接続関係明示が文章記憶に及ぼす影響．教育心理学研究，28(3)，174-182.

大伴　潔 (2009) 視空間課題としての立方体模写の発達的検討―漢字書字との比較―．東京学芸大学教育実践研究支援センター紀要　第5集，105-112.【ウェブ上にて「東京学芸大学リポジトリ」で検索、ダウンロード可】

辻井正次・杉山登志郎・斎藤久子 (1999)．高機能広汎性発達障害の学業上の問題―学習障害との比較から―．小児の精神と神経，39(1)，65-72.

綿貫愛子・大伴　潔 (2015)．自閉症スペクトラム障害者の学齢期における文章理解困難の実態：後方視的な質問紙調査による検討．東京学芸大学紀要 総合教育科学系，66(2)，489-506.

著者紹介

編著者

大伴　潔（おおとも　きよし）

東京学芸大学名誉教授

【第1章～第3章本文、リテラシーをめぐるトピック2・3】

林　安紀子（はやし　あきこ）

元　東京学芸大学特別支援教育・教育臨床サポートセンター教授

橋本　創一（はしもと　そういち）

東京学芸大学特別支援教育・教育臨床サポートセンター教授

著　者

【事例報告】 ことばの教室・きこえとことばの教室（五十音順）

　　太田　珠美
　　田村　寿緒巳
　　堂山　圭子
　　堀籠　由紀
　　目黒　みなみ
　　山田　昭夫

【指導事例】 ことばの教室・きこえとことばの教室（五十音順）

　　落合　瑞穂
　　栗原　恵理
　　小築　美苗
　　島貫　恵子
　　藤島　絵里香

【リテラシーをめぐるトピック1】

　　綿貫　愛子　NPO法人リトルプロフェッサーズ

装丁　有泉武己

アセスメントにもとづく学齢期の言語発達支援
──LCSAを活用した指導の展開 　　　　　　　　　　　　©2018

2018年2月20日　初版第1刷発行
2025年6月15日　初版第5刷発行

編著者　大伴潔・林安紀子・橋本創一
発行者　杉本哲也
発行所　株式会社 学 苑 社
東京都千代田区富士見2－10－2
電話代　03（3263）3817
fax.　　03（3263）2410
振替　　00100－7－177379
印刷・製本　藤原印刷株式会社

検印省略　　　　　　乱丁落丁はお取り替えいたします。
　　　　　　　　　　定価はカバーに表示してあります。

ISBN978-4-7614-0796-4　C3037